Smals vzw
Fonsnylaan 20
1060 Brussel
Tel.: +32 (0)2 787 57 11
www.smals.be
www.smalsresearch.be

———————————————

1ste druk
Augustus 2015

Dankwoord

Een klein dankwoordje lijkt mij op zijn plaats als blijk van waardering voor diegenen die indirect bijgedragen hebben aan de totstandkoming van deze tekst.

De collega's van Smals die de studie ondersteund hebben en/of die nuttige feedback gegeven hebben:
- Prof. dr. Isabelle Boydens, Smals Research en Departement Informatie- en Communicatiewetenschappen aan de Université Libre de Bruxelles
- Ir. Koen Vanderkimpen, Smals Research
- Renzo Lylon, Smals Research
- Paul Stijfhals, sectiehoofd Smals Research
- Johan Vercruysse, directeur Smals Klanten en Diensten
- De directie die haar goedkeuring gaf voor het plan onderzoek

Daarnaast hebben ook anderen buiten Smals zeer gewaardeerde input gegeven:
- Prof. dr. ir. Joep Crompvoets, Public Governance Institute, KU Leuven
- Prof. dr. Jeroen Van Laer, M²P, Universiteit Antwerpen en Schepen Edegem
- Rajae Chatt, POD Maatschappelijke Integratie
- Isabel Demeyere, directeur VSDC vzw

Management summary (Nederlands)

Burgerparticipatie of citizen engagement is een brede term die gedefinieerd wordt als individuele of collectieve acties door burgers om zaken van algemeen belang te identificeren en aan te pakken. Dit kan onder meer gaan over cultuur, ontspanning, milieu, versterking van het sociale weefsel, verbetering van het publieke domein, economie en democratie.

De burgers kennen onvermijdelijk vaak beter hun noden dan de overheden. Bovendien kunnen (groepen) burgers blijk geven van een sterke creativiteit en flexibiliteit bij hun zoektocht naar oplossingen. Het is dan ook logisch dat de overheid tracht om burgerparticipatie te verhogen of op zijn minst de mogelijkheid daartoe nagaat.

Er zijn reeds heel wat initiatieven ter bevordering van burgerparticipatie. Er wordt een onderscheid gemaakt tussen initiatieven die uitgaan van de burgers en initiatieven die uitgaan van de overheid. In het geval van burgerinitiatieven kunnen overheden (en bedrijven) wel nog steeds voor ondersteuning zorgen.

De overheid heeft een belangrijke rol te spelen bij de creatie van een gezond kader waarin burgerinitiatieven kunnen groeien en bloeien, in harmonie met de overheid als het kan of als democratische oppositie als het moet. Hoe het burgerinitiatief ook geïnspireerd is, we zien dat IT vandaag doorgaans niet verder gaat dan een website en het gebruik van wat losse clouddiensten en dus een eerder secundaire rol speelt.

Voor overheidsinitiatieven ligt dit anders. Daar varieert het belang en de complexiteit van IT sterk. Een klassieke website die informeert over bestaande mogelijkheden tot burgerparticipatie is van een totaal andere orde dan de infrastructuur en beveiliging die nodig zijn wanneer de overheid burgers wil laten stemmen via het internet.

Er bestaan talloze clouddiensten die gebruikt kunnen worden in het kader van burgerinitiatieven. Enerzijds zijn er natuurlijk de generieke diensten zoals sociale media, diensten om video's te delen en diensten om samen aan een tekst te werken, die nuttig kunnen zijn in een quasi oneindig aantal velden, waaronder burgerinitiatieven.

Anderzijds zijn er clouddiensten die zich meer specifiek richten op burgerparticipatie zoals ePetitions en crowdfunding- en crowdsourcingdiensten. Deze set van clouddiensten hebben twee nadelen. Enerzijds zijn ze niet steeds gekend door diegenen die een burgerinitiatief willen lanceren, en anderzijds zijn deze diensten vrij geïsoleerd en is een coherente gebruikerservaring dus afwezig.

Een *IT-platform voor burgerinitiatieven* zou hieraan tegemoet kunnen komen. Dit platform zou d.m.v. diepe integratie met bestaande clouddiensten een uniforme gebruikerservaring kunnen bieden. Ten tweede zou het burgers, overheden en bedrijven met elkaar in contact kunnen brengen. Aan de ene kant zouden burgers en burgerinitiatieven kunnen aangeven wat hun behoeften zijn, terwijl aan de andere kant overheden, bedrijven maar ook burgers beter kunnen aangeven welke ondersteuning ze kunnen bieden. Deze ondersteuning kan onder meer van financiële, juridische of educatieve aard zijn. In het algemeen kan een dergelijk platform niet enkel burgerinitiatieven stimuleren, maar kan het daarbij ook zorgen voor een betere communicatie tussen burger en overheid.

Dankzij onder meer drag-and-dropgebaseerde clouddiensten en open data nemen de mogelijkheden toe en verkleinen de drempels voor de burgers om zelf traditionele applicaties en mobiele apps te ontwikkelen. Dergelijke burgers, die we citizen developers noemen, kunnen door overheden ondersteund worden.

Ten slotte kan een overheid ook het gebruik van mobiele apps door burgers stimuleren zodat maximaal geprofiteerd kan worden van de evoluties, zowel technisch als sociaal, op het vlak van mobiele toestellen. Hier spreken we dan over mobile citizen engagement.

Dit document heeft als doel om het concept "citizen engagement" van nabij te bekijken en te kijken hoe de overheid en IT hier een rol in kunnen spelen. Idealiter komen we tot een IT-platform voor burgerinitiatieven waar zowel burgers als overheid aan kunnen bijdragen, zonder echter uit het oog te verliezen dat IT op zich enkel een ondersteunende rol kan en mag spelen naast tal van andere (veel belangrijkere) factoren.

Management summary (Français)

La *participation citoyenne* ou le *citizen engagement* est un vaste terme désignant la mise en oeuvre d'actions individuelles ou collectives par les citoyens dans le but d'identifier et de traiter des matières d'intérêt général. Ces initiatives peuvent concerner entre autres la culture, le loisir, l'environnement, le renforcement du tissu social, l'amélioration du domaine public, l'économie et la démocratie.

Inévitablement, les citoyens connaissent souvent mieux leurs besoins que les autorités, sans compter que des (groupes de) citoyens peuvent faire preuve d'une créativité et d'une flexibilité remarquables dans leur quête de solutions. Il est donc logique que l'État tente d'augmenter la participation citoyenne ou du moins qu'elle en vérifie la possibilité.

De nombreuses initiatives ont déjà vu le jour pour promouvoir la participation citoyenne. Une distinction est opérée entre les initiatives qui émanent des citoyens et celles qui émanent de l'État. En ce qui concerne les initiatives des citoyens, les autorités (et les entreprises) peuvent toujours offrir leur soutien.

L'État a un grand rôle à jouer dans la création d'un cadre sain permettant aux initiatives citoyennes de croître et de fleurir, en harmonie avec l'État si possible ou en opposition démocratique si nécessaire. Aussi inspirée soit l'initiative citoyenne, nous constatons que l'informatique se limite généralement à un site web et à des services cloud isolés, de sorte que celle-ci joue plutôt un rôle secondaire.

Pour les initiatives gouvernementales, il en va autrement. L'importance et la complexité de l'informatique y varient grandement. En effet, un site web classique expliquant les possibilités actuelles de participation citoyenne n'est en rien comparable à l'infrastructure et à la sécurisation qu'exige le vote des citoyens par internet.

Une multitude de services cloud peuvent être utilisés pour des initiatives citoyennes. D'une part, il y a évidemment les services génériques comme les médias sociaux, les services de partage de vidéos et les services de rédaction collaborative, qui peuvent servir dans un nombre quasi illimité de domaines, notamment les initiatives citoyennes. D'autre part, il existe des services cloud plus spécifiquement axés sur la participation citoyenne comme les pétitions électroniques ainsi que les services de financement participatif et de production participative. Ces services cloud présentent deux inconvénients. D'une part, ils ne sont pas toujours connus de ceux qui souhaitent lancer une initiative citoyenne et, d'autre part, ils sont fort isolés, de sorte qu'il manque une expérience utilisateur cohérente.

Une *plateforme IT d'initiatives citoyennes* devrait pouvoir remédier à cela. Par une profonde intégration avec des services cloud existants, cette plateforme devrait pouvoir procurer une expérience utilisateur uniforme. De même, elle devrait pouvoir mettre les citoyens, les autorités et les entreprises en relation. D'un côté, les citoyens et les initiatives citoyennes devraient pouvoir indiquer leurs besoins. De l'autre côté, les autorités, les entreprises mais aussi les citoyens devraient pouvoir mieux préciser le soutien qu'ils procurent. Ce soutien peut être entre autres de nature financière, juridique ou éducative. En général, une telle plateforme peut non seulement stimuler des initiatives citoyennes, mais aussi assurer une meilleure communication entre les citoyens et l'État.

Grâce entre autres à des services cloud de type "drag-and-drop" et à des données ouvertes, les possibilités augmentent tandis que les limites se réduisent pour les citoyens qui souhaitent eux-mêmes développer des applications traditionnelles et des apps mobiles. Ces citoyens, que nous appelons "citizen developers", peuvent être assistés par les autorités.

Enfin, les autorités peuvent également stimuler l'utilisation d'apps mobiles par les citoyens, afin de pouvoir profiter au maximum des évolutions, tant techniques et sociales qu'en matière d'appareils mobiles. On parle alors de mobile citizen engagement.

Ce document a pour objet d'examiner le concept de "citizen engagement" et de voir le rôle que l'État et l'informatique peuvent y jouer. Idéalement, il s'agit d'aboutir à une plateforme IT d'initiatives citoyennes à laquelle tant les citoyens que l'État peuvent contribuer, sans toutefois perdre de vue que l'informatique en soi ne peut jouer qu'un rôle de soutien à côté d'une multitude d'autres facteurs (bien plus importants).

Management summary (English)

Citizen engagement is a broad term encompassing both individual and collective actions undertaken by citizens in order to identify and negotiate matters of common interest. The range of issues may include culture, recreation, the environment, strengthening the social fabric, improving the public domain, the economy or democracy.

Citizens inevitably have an often better understanding of their needs than the government does. Furthermore, citizens, individually or in groups, can demonstrate strong creativity and flexibility in their pursuit of solutions. It is therefore logical that the government strive to improve citizen engagement or at the very least examine the possibilities thereof.

There are already several initiatives for the promotion of citizen engagement. A distinction is made between initiatives proposed by citizens and those proposed by the government. In the case of citizen initiatives, governments (and businesses) can still provide assistance.

The government has an important role to play in creating a sound framework within which citizen initiatives can develop and thrive, in harmony with the government when possible or as democratic opposition when necessary. Regardless of the inspiration for citizen initiatives, current IT usage does not generally extend past the use of a website and a few disconnected cloud-based services and therefore retains more of a secondary role.

Concerning government initiatives, however, the situation is quite different. The importance and complexity of IT usage varies greatly. A standard website informing users of existing opportunities for citizen engagement is of an entirely different nature to the infrastructure and security necessary when the government wishes to allow citizens to vote over the internet.

There are numerous cloud-based services that can be utilised in developing a framework for citizen engagement. On the one hand, there are generic services such as social media, video hosting services and collaborative writing tools that could certainly be useful in a wide variety of topics, including citizen engagement. On the other hand, there are cloud-based services that address citizen engagement more specifically, such as ePetitions, crowdfunding services and crowdsourcing sites. This second set of cloud-based services has two disadvantages. Firstly, these services are not always familiar to those wishing to launch a citizen initiative, and secondly, they are quite isolated and lack a consistent user experience.

An IT platform for citizen initiatives would have to address these issues. This platform could offer a uniform user experience by deeply integrating existing cloud-based services. In addition, it could bring citizens, governments and businesses in contact with each other. Citizens and citizen initiatives could express their needs while governments, businesses and citizens could better communicate the kind of assistance they are able to offer. This assistance could be of a financial, legal or educational nature. In general, such a platform could not only inspire citizen initiatives, but also encourage improved communication between citizens and their governments.

Thanks to drag-and-drop style cloud-based services and open data sources, technical barriers are decreasing and it is becoming more and more feasible for citizens to develop their own traditional applications and mobile apps. Such citizens, also called citizen developers, could receive assistance from the government.

Finally, governments could also encourage citizens to use mobile apps in order to maximise the benefits of these developments, both technically as well as socially, with regard to mobile devices. What we are referring to here is called mobile citizen engagement.

The aim of this document is to examine the concept of "citizen engagement" and to evaluate how the government and IT can play a role in its development. Ideally, an IT platform for citizen initiatives would be developed where both citizens and governments could contribute but without losing sight of the fact that IT can and should only play a supporting role in addition to several other (much more important) factors.

Inhoud

1. Inleiding

Prelude

Dankzij de informatisering, die obstakels zoals fysieke verplaatsingen wegneemt en nieuwe vormen van communicatie toelaat, ontstaan voorheen ongekende sociale, maatschappelijke en economische mogelijkheden. Dit zet niet zelden de gevestigde socio-economische modellen onder druk.

Een eerste voorbeeld is het "on demand" bekijken van films en series, wat het bestaande commerciële model van televisiezenders gebaseerd op reclameblokken onder druk zet. Een tweede voorbeeld is de boomende online verkoop die druk zet op de traditionele detailhandel. Ten slotte zijn er diverse apps, waarachter commerciële bedrijven zitten, die je toelaten goedkoop mee te rijden met andere chauffeurs, wat tot grote woede leidde bij taxibedrijven.

Maar ook burgers krijgen meer technologische mogelijkheden om het heft in eigen handen te nemen. Een eerste voorbeeld is het opnemen van beelden m.b.v. een smartphone die ogenblikkelijk met de rest van de wereld gedeeld kunnen worden, waardoor controle door hogere instanties op de berichtgeving moeilijker wordt en wat kan resulteren in een brede verontwaardiging. Een tweede voorbeeld zijn crowdfundinginitiatieven waardoor burgers en start-ups minder afhankelijk worden van banken of overheden voor financiering. En ten slotte trachten burgers onder meer via petities druk te zetten op bedrijven en overheden.

Socio-economisch is er dus een kentering gaande. Deze kentering wordt gevoed door technologische evoluties, maar kan niet los gezien worden van de mondiale economische verzwakking, die ook de rol van de overheden wereldwijd in vraag stelt.

Burgerparticipatie & de overheid

Dit brengt ons tot de centrale (dubbele) vraagstelling die in deze tekst onderzocht wordt:

"Hoe kan de overheid een dynamiek bij burgers stimuleren - onder meer gebruikmakend van IT - zodat deze burgers zelf en op vrijwillige basis in meer of mindere mate mee kunnen instaan voor dat deel van hun behoeften waar de overheid, omwille van haar karakter, niet of onvoldoende bevredigend op kan inspelen?"

Deze tekst handelt dus over burgerparticipatie. Burgerparticipatie of citizen engagement is een brede term die gedefinieerd wordt als individuele of collectieve acties door burgers om zaken van algemeen belang te identificeren en aan te pakken[1]. Via deze weg wordt de betrokkenheid van de burgers in diverse aspecten van de samenleving gestimuleerd. Dit kan onder meer gaan over cultuur, ontspanning, milieu, versterking van het sociale weefsel, verbetering van het publieke domein, economie en democratie.

Citizen engagement kan zorgen voor een betere invulling van bepaalde noden van burgers door burgers. Dit brengt maatschappelijke voordelen met zich mee zoals de versterking van het sociale weefsel en een betere afdekking van behoeften die leven bij de bevolking. Daarnaast krijgt de participerende burger voldoening voor zijn inspanningen doordat hij bijdraagt aan de goede werking van de wijk, district, stad, ... en zijn sociale rol binnen de (vaak lokale) gemeenschap.

"Tell me and I forget, teach me and I may remember, involve me and I learn."
Benjamin Franklin, Amerikaans politicus, wetenschapper en moralist

---

De burgers kennen onvermijdelijk vaak beter de lokale noden dan de overheden. Bovendien kunnen (groepen) burgers blijk geven van een sterke creativiteit en flexibiliteit bij hun zoektocht naar oplossingen, iets wat bij overheden niet altijd even eenvoudig is.

Indien een overheid erin slaagt om burgerparticipatie te stimuleren en te verhogen, kan dit dus leiden tot een betere invulling van één van haar kerntaken, namelijk het verhogen van de levenskwaliteit van haar burgers. Zowel burgers als overheden kunnen zo baat hebben bij een dergelijk ondersteunend beleid. In de tekst zal echter al snel duidelijk worden dat een overheid dit niet mag en niet kan zien als een besparingsoperatie.

Opzet & Scope

Hoewel niet iedereen deze interpretatie volgt, veronderstelt citizen engagement in deze tekst een vrijwilligheid van de burger. Het invullen van het belastingformulier via *Tax-on-Web*[2] impliceert weliswaar een interactie tussen overheid en burger en heeft een maatschappelijk nut, maar gezien de burger hiertoe verplicht wordt, valt dit buiten de scope van dit document. Ook bij het doen van een aangifte van diefstal bij de politie

---

[1] American Psychological Association. Civic engagement. http://www.apa.org/education/undergrad/civic-engagement.aspx - Laatste toegang 9 maart 2015
[2] http://www.taxonweb.be - Laatste toegang 9 maart 2015

ontbreekt bijvoorbeeld het aspect van vrijwilligheid, gezien dit de standaardprocedure is die van elke burger verwacht wordt.

We maken een onderscheid tussen overheidsinitiatieven (*top-down*) en burgerinitiatieven (*bottom-up*). In het eerste geval neemt een overheid het initiatief om burgers te betrekken om zo haar taken beter te kunnen invullen en blijft het zwaartepunt van de controle en het beheer bij de overheid. In het tweede geval nemen burgers zelf initiatieven om zo beter hun behoeften te kunnen afdekken, wat niet wegneemt dat daarbij een beroep gedaan kan worden op overheden, organisaties en bedrijven ter ondersteuning. In werkelijkheid zijn de twee beschreven benaderingen de uiteinden van een spectrum.

Een tweede dimensie is die tussen *politieke* en *apolitieke* initiatieven. Elk burgerinitiatief heeft in meer of mindere mate een politiek karakter, wat een binaire opdeling bijzonder lastig zou maken. Ook hier geldt de opmerking dat een dergelijke artificiële opdeling onwenselijk is indien we de burgerparticipatie willen maximaliseren.

Beide dimensies zijn weergegeven in de onderstaande figuur. Elk punt representeert een initiatief voor burgerparticipatie. Zonder de andere dimensies te verwaarlozen zal het zwaartepunt van deze tekst liggen bij burgerbeheer zonder sterk politiek profiel (grijze zone).

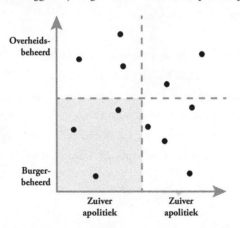

Figuur 1: Initiatieven rond burgerparticipatie en hun verschillende gradaties in politiek karakter en in beheer door de burgers (versus door de overheid).

In de tekst worden een aantal "citizen engagement"-initiatieven besproken - zowel vanuit burgers als vanuit overheden, alsook tools die dit kunnen stimuleren. We gaan na waarom bepaalde initiatieven al dan niet een succes geworden zijn en hoe tools een meerwaarde kunnen bieden. Op basis van de verkregen inzichten wordt een conceptueel IT-platform voorgesteld ter ondersteuning van burgerinitiatieven.

Hoewel er al veel over citizen engagement geschreven is, bestond er volgens ons nog geen overzichtswerk, waarbij via bestaande initiatieven en clouddiensten uitgekomen wordt bij een conceptueel IT-platform.

De tekst is onderverdeeld in een aantal hoofdstukken. Na deze inleiding volgt hoofdstuk 2, waarin een aantal bestaande initiatieven van zowel burgers als overheden bekeken worden. In hoofdstuk 3 worden bestaande IT-tools ter ondersteuning van citizen engagement besproken. In hoofdstuk 4 wordt op een hoog niveau een mogelijk toekomstig platform ter ondersteuning van burgerinitiatieven toegelicht. In hoofdstuk 5, ten slotte, worden de conclusies geformuleerd, alsook enkele aanbevelingen.

In de tekst worden een aantal "citizen engagement"-initiatieven besproken - zowel vanuit burgers als vanuit overheden, alsook tools die dit kunnen stimuleren. We gaan na waarom bepaalde initiatieven al dan niet een succes geworden zijn en hoe tools een meerwaarde kunnen bieden. Op basis van de verkregen inzichten wordt een conceptueel IT-platform voorgesteld ter ondersteuning van burgerinitiatieven.

Hoewel er al veel over citizen engagement geschreven is, bestond er volgens ons nog geen overzichtswerk, waarbij via bestaande initiatieven en clouddiensten uitgekomen wordt bij een conceptueel IT-platform.

De tekst is onderverdeeld in een aantal hoofdstukken. Na deze inleiding volgt hoofdstuk 2, waarin een aantal bestaande initiatieven van zowel burgers als overheden bekeken worden. In hoofdstuk 3 worden bestaande IT-tools ter ondersteuning van citizen engagement besproken. In hoofdstuk 4 wordt op een hoog niveau een mogelijk toekomstig platform ter ondersteuning van burgerinitiatieven toegelicht. In hoofdstuk 5, ten slotte, worden de conclusies geformuleerd, alsook enkele aanbevelingen.

2. Burgerparticipatie in de praktijk

Ons uiteindelijke doel is te komen tot een IT-platform voor burgerinitiatieven, waar de initiatieven worden geïnitieerd en georganiseerd door burgers. Een aantal dergelijke initiatieven wordt belicht in sectie 2.2. Tegenover deze burgerinitiatieven plaatsen we overheidsgeïnitieerde burgerparticipatie (sectie 2.3). Er worden diverse voorbeelden gegeven zodat de lezer een vollediger beeld krijgt rond burgerparticipatie.

In werkelijkheid zijn er verschillende gradaties van burgerparticipatie. Deze worden besproken in sectie 2.1. Op het einde van de twee daaropvolgende secties trachten we elk (type) initiatief een plaats te geven in dit participatiespectrum.

We observeren dat IT in burgerparticipatie momenteel niet steeds even cruciaal is, maar desondanks kunnen we al een aantal interessante algemene observaties doen.

2.1. Gradaties in burgerparticipatie

Sherry Arnstein definieerde in *A Ladder of Citizen Participation*[3] (zie figuur 2) in 1969 verschillende gradaties van burgerparticipatie, die gegroepeerd worden in drie categorieën: non-participatie, nepparticipatie en burgermacht.

- **Non-participatie** bestaat uit *manipulatie* (1) en *opvoeding* (2) en volgens Arnstein is het een substituut voor echte participatie.
- **Nepparticipatie** bestaat uit het verschaffen van informatie aan burgers omtrent hun rechten, verantwoordelijkheden en mogelijkheden (3) - wat een eerste stap kan zijn naar participatie -, het consulteren van burgers (4) en inspraak geven aan burgers (5). Burgers hebben in deze categorie wel een stem, maar mankeren de spieren om zaken af te dwingen en verandering tot stand te brengen. Het ontbreekt burgers dus aan beslissingsmacht.
- **Burgermacht**. Naarmate we ons hoger in deze laatste categorie bevinden, hebben

---

[3] Sherry R Arnstein. A Ladder of Citizen Participation. Originally published in July 1969. http://lithgow-schmidt.dk/sherry-arnstein/ladder-of-citizen-participation.html - Laatste toegang 9 maart 2015

de burgers meer zeg in de beslissingsvorming. Bij *samenwerking* (6) zijn de burgers een volwaardige partner in het beslissingsproces en kunnen ze mee onderhandelen. Bij *gedelegeerde macht* (7) ligt het zwaartepunt van de beslissingsvorming bij de burgers en bij *burgercontrole* (8) ligt dit volledig bij de burgers.

Deze opdeling maakt ons ervan bewust dat burgers op verschillende niveaus in relatie met de overheden kunnen treden bij de creatie van maatschappelijke meerwaarde. De focus in deze tekst ligt op de hoogste categorie, namelijk burgermacht. Volgens Arnstein is participatie zonder herverdeling van macht - dus nepparticipatie - een leeg en frustrerend proces.

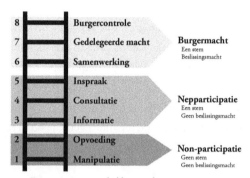

Figuur 2: Arnsteins ladder voor burgerparticipatie

Recenter werden in Innovating at *The Point of Citizen Management: Making Every Moment Count*[4] (2013) op gelijkaardige wijze vijf vormen van citizen engagement gedefinieerd (zie figuur 3).

SPECTRUM OF ENGAGEMENT ACTIVITIES

INCREASING LEVEL OF PUBLIC IMPACT

	INFORM	CONSULT	INVOLVE	COLLABORATE	EMPOWER
Public Participation Goal	To provide the public with balanced and objective information to assist them in understanding the problem, alternatives, opportunities and/or solutions.	To obtain public feedback on analysis, alternatives and/or decisions.	To work directly with the public throughout the process to ensure that public concerns and aspirations are consistently understood and considered.	To partner with the public in each aspect of the decision including the development of alternatives and the identification of the preferred solution.	To place final decision-making in the hands of the public.
Example Techniques	• Fact sheets • Web sites • Open houses	• Public comment • Focus groups • Surveys • Public meetings	• Workshops • Deliberative polling	• Citizen advisory committees • Consensus-building • Participatory decision-making	• Citizen juries • Ballots • Delegated decision

Figuur 3: Spectrum of Engagement Activities (© govloop)

---

[4] Govloop. Innovating at the Point of Citizen Engagement. 16 mei 2013. http://www.govloop.com/profiles/blogs/innovating-the-point-of-citizen-engagement-7-government-stories - Laatste toegang 9 maart 2015

2.2. Burgerinitiatieven

In deze sectie worden enkele bestaande burgerinitiatieven bekeken in Nederland, Griekenland, Mexico, Duitsland en België. We beginnen echter met twee voorbeelden waarbij een besparende overheid burgerinitiatieven tracht te forceren. We doen geen uitspraken over de representativiteit van de cases, maar elk van de geselecteerde initiatieven geeft ons wel nieuw inzicht. Op het einde van deze sectie trachten we elk initiatief te mappen op de participatieladder uit de vorige sectie.

2.2.1. De Britse Big Society

In 2010 werd de *Big Society*[5,6] - met als baseline: "*We're all in this together*" - het vlaggenschip van het politieke programma van de conservatieven in het Verenigd Koninkrijk. Centraal daarbij stond het decentraliseren (devolutie) van bevoegdheden uit de handen van de politici en richting lokale individuen en gemeenschappen, waarbij deze niet langer "zoals kinderen", maar als volwaardige, participerende volwassenen behandeld zouden worden. De burgers moeten in deze logica gestimuleerd worden om een actieve rol te spelen in de lokale gemeenschappen. Het idee werd vurig verdedigd door eerste minister David Cameron[7].

Ondertussen is duidelijk geworden dat het idee gefaald heeft. We gaan even na waarom. Het idee werd dus gelanceerd door de conservatieven, die niet meteen de reputatie hebben het beste met de maatschappij voor te hebben. Denken we maar aan de uitspraak van Margaret Thatcher in 1987: "*There is no such thing as society*"[8]. Waarom zouden ze dan opeens een bocht van 180° maken en progressief worden? Het lijkt voor velen dan ook eerder te passen in het idee van een verdere afbraak van de welvaartsstaat. Het idee werd inderdaad naar voor geschoven in volle economische crisis op het moment dat de overheid met een tekort van meer dan 11% op haar begroting zat. De overheid moest besparen. En waarom dan niet een deel van het werk gratis door de bevolking zelf laten doen? Dit is geen gezonde basis voor citizen engagement om twee redenen:

---

[5] http://en.wikipedia.org/wiki/Big_Society - Laatste toegang 12 maart 2015
[6] https://www.gov.uk/government/topics/community-and-society - Laatste toegang 12 maart 2015
[7] The Guardian. David Cameron: Have no doubt, the big society is on its way. 12 februari 2011. http://www.theguardian.com/commentisfree/2011/feb/12/david-cameron-big-society-good - Laatste toegang 12 maart 2015
[8] "They're casting their problem on society. And, you know, there is no such thing as society. There are individual men and women, and there are families. And no government can do anything except through people, and people must look to themselves first. It's our duty to look after ourselves and then, also to look after our neighbour. People have got the entitlements too much in mind, without the obligations, because there is no such thing as an entitlement unless someone has first met with an obligation"

1. Uit een rapport[9] dat de denktank *NEF* publiceerde in augustus 2013 blijkt dat de besparingen vooral de zwakkeren in de samenleving treffen, waardoor deze minder marge overhouden. Ze worden in toenemende mate in survival-modus geduwd en plooien zich logischerwijs meer op zichzelf terug. Tijd en energie opbrengen voor vrijwillig gemeenschapswerk wordt in een dergelijke situatie quasi onmogelijk. *NEF* formuleert het als volgt:

"As people have become less economically secure, they have tended to turn inwards, focusing on just getting by from day to day, with no time or energy to connect with others or take local action."

---

2. De bevolking betaalt aan de staat nog steeds voor publieke diensten die ze dan uiteindelijk zelf moet doen. Op discussiefora[10] kwam dit argument vaak terug. Iemand formuleerde het als volgt:

"We pay the same amount of taxes and we get fewer services from the government, and charities do the work instead for free."

Een ander terugkomend argument op discussiefora is dat dit er bovendien voor zorgt dat betaalde jobs dreigen te verdwijnen en vervangen te worden door vrijwilligerswerk.

Met 10% is de tevredenheid van het *Big Society*-project ook bij de liefdadigheidsorganisaties zelf bijzonder laag[11]. De *Big Society* wil immers ook competitie bevorderen; daar waar liefdadigheidsorganisaties in het verleden veelal samenwerkten met de overheid, worden ze nu gedwongen contracten met de privésector af te sluiten. En ook tussen de liefdadigheidsorganisaties is er door dalende overheidsbudgetten een toegenomen element van competitie waardoor onderlinge samenwerking minder waarschijnlijk wordt[12].

---

[9] NEF. Surviving austerity. 13 augustus 2013. http://www.neweconomics.org/publications/entry/surviving-austerity - Laatste toegang 9 maart 2015

[10] BBC. How should you contribute to society? 19 juli 2010. http://www.bbc.co.uk/blogs/legacy/haveyoursay/2010/07/how_should_you_contribute_to_s.html - Laatste toegang 12 maart 2015

[11] Nonprofit Quarterly. How Successful Has Britain's Big Society Been? 7 juli 2014. https://nonprofitquarterly.org/policysocial-context/24464-how-successful-has-britain-s-big-society-been.html - Laatste toegang 12 maart 2015

[12] The Independent. Big Society is a sham that's hurting the small charities sector, says report. 29 juni 2014. http://www.independent.co.uk/news/uk/politics/big-society-is-a-sham-thats-hurting-the-small-charities-sector-says-report-9571816.html - Laatste toegang 12 maart 2015

De *Big Society* is dan ook geleidelijk aan verdwenen uit het publieke en politieke debat, wat ook duidelijk te zien is in Google Trends (Figuur 4).

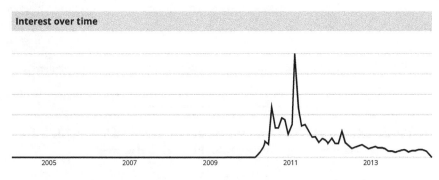

Figuur 4: Evolutie van de interesse in de term "Big Society" in Google Trends

Samengevat is de *Big Society* ingegeven door besparingen wat tevens ook de reden van haar falen is, wat wordt samengevat in de onderstaande cartoon.

Figuur 5: Een cartoon uit het Britse weekblad The Economist[13] over het falen van de Big Society

2.2.2. Zelfbeheer groendienst Amsterdam

De term "zelfbeheer" wordt niet steeds op dezelfde manier ingevuld, zoals blijkt uit het door de lokale overheid gestuurde *Zelfbeheer Groendienst Amsterdam*[14].

---

[13] The Economist. The Big Society - Platoons under siege. 11 februari 2011. http://www.economist.com/node/18114719 - Laatste toegang 12 maart 2015

[14] http://www.noord.amsterdam.nl/wonen/wonen-leefomgeving/schoon-groen-samen/zelfbeheer/ - Laatste toegang 12 maart 2015

Via dit project kunnen burgers instaan voor het onderhoud van elementen op de openbare weg zoals bloembakken, afvalbakken, afvalcontainers en speelplaatsjes. Burgers kunnen ook schoonmaakacties organiseren of onkruid en mos in tegelvoegen verwijderen.

Ook dit zelfbeheer lijkt vooral gedreven door besparingen. Op de webpagina lezen we bijvoorbeeld:

"Het stadsdeel stopt met het verzorgen van de losse bloembakken. Als de bakken er onverzorgd uitzien, haalt het stadsdeel ze weg."

Uit een artikel[15] in Het Parool blijkt bovendien dat de lokale overheid de touwtjes stevig in handen houdt, waarbij de participerende burgers zich aan allerlei regels moeten houden en niet vergoed worden voor de gemaakte onkosten. Er is dus hoogstens sprake van een vorm van delegatie naar vrijwilligers waarbij de beslissingsvorming in handen blijft van de stad Amsterdam.

Het is onduidelijk of dit project veel succes kent.

2.2.3. Nederlandse wijkcentra in zelfbeheer

Een buurthuis of wijkcentrum heeft als doel mensen uit de wijk samen te brengen, te organiseren en de sociale cohesie te versterken. Het tracht in te spelen op noden die in de wijk aanwezig zijn. Typische activiteiten zijn onder meer buurtmaaltijden, praat- en discussieavonden, culturele activiteiten en recreatieve uitstapjes.

In Nederland zijn een aantal wijkcentra in zelfbeheer door de wijkbewoners. Twee succesverhalen, *Wijkcentrum Het Klokhuis*[16] in Amersfoort en *Buurtcentrum De Meevaart*[17] in Amsterdam Oost werden onderzocht. De resultaten werden in april 2014 gepubliceerd[18].We observeren een aantal interessante zaken:

---

[15] Het Parool. Stadsdeel Centrum in de maag met zelfbeheer watertuinen. 22 april 2014.
  http://www.parool.nl/parool/nl/4/AMSTERDAM/article/detail/3639235/2014/04/22/Stadsdeel-Centrum-in-de-maag-met-zelfbeheer-watertuinen.dhtml - Laatste toegang 12 maart 2015
[16] http://www.klokhuisamersfoort.nl - Laatste toegang 12 maart 2015
[17] http://meevaart.nl - Laatste toegang 12 maart 2015
[18] LIPSE. Self-organization and the role of government: how and why does self-organization evolves in the shadow of hierarchy? 9-11 april 2014. http://www.lipse.org/userfiles/uploads/Paper%20IRSPM%202014%20Nederhand%20et%20al%20self-organization%20and%20the%20role%20of%20government.pdf - Laatste toegang 9 maart 2015

1. Een actieve steun vanuit de overheid maakte de zelf-organiserende wijkwerkingen mogelijk. De overheden voorzien verminderde huurgelden voor de gebouwen (en in het geval van *De Meevaart* ook voor subsidies). Daarnaast werd in beide gevallen door de overheden gezorgd voor expertise en gingen de overheden actief op zoek om de initiatieven in contact te brengen met gelijkaardige initiatieven elders. Bovendien werden zelfs aanpassingen van het gemeentereglement doorgevoerd om het initiatief in Amersfoort te doen slagen.

2. In beide gevallen was er reeds op voorhand een kleine groep van initiatiefnemers die reeds samengewerkt had met de overheden.

3. De trigger voor *Het klokhuis* was het sluiten van het lokale wijkcentrum in combinatie met de vrees dat er in de plaats een centrum voor verslaafden zou komen. In Amsterdam was de trigger het bericht dat een ruimte die geschikt was voor een wijkwerking zou verkocht worden aan de privésector. Daarnaast paste dit initiatief mooi in een breder kader waarbij de stad experimentele zones gecreëerd had die extra ruimte en flexibiliteit geven aan dergelijke initiatieven.

4. In beide gevallen werd er nauw overlegd tussen de initiatiefnemers en de overheden in een positieve sfeer (al was dit in Amersfoort niet vanaf het begin zo en is dit dus moeten groeien).

5. De opzet van *Het Klokhuis* en *De Meevaart* zijn sterk gelijklopend, waarbij er door vrijwilligers getracht wordt het sociale weefsel te versterken door onder meer activiteiten te organiseren en een ontmoetingsruimte aan te bieden.

6. In beide voorbeelden wordt het hebben van fysieke, centraal gelegen ontmoetingsruimtes als essentieel beschouwd, terwijl het gebruik van IT eerder ondersteunend is. Zo heeft *Het Klokhuis* een eigen, vrij eenvoudige website met daarnaast een Twitter- en een Facebookaccount.

Om bovenstaande opnieuw in perspectief te plaatsen benadrukken we nog even dat dit twee succesverhalen zijn en dat er mogelijk een veelvoud aan gelijkaardige projecten met iets minder gunstige omstandigheden ergens onderweg gestrand zijn.

2.2.4. Griekse burgerinitiatieven

De crisis in Griekenland heeft geleid tot het ontstaan van heel wat burgerinitiatieven. *Omikron Project*[19] tracht hiervan een overzicht bij te houden, maar daarnaast zijn er nog talloze (honderden), vaak zeer lokale initiatieven. Al deze burgerinitiatieven hebben ondersteuning noch van overheden, noch van bedrijven, maar organiseren zich wel om samen de noden die niet meer door de Griekse staat vervuld worden in de mate van het mogelijke op te vangen. Sommige van deze initiatieven hebben een meer politiek karakter (bijvoorbeeld de oppositie tegen privatisering van de watervoorziening in Thessaloníki). *Omikron Project* deelt de initiatieven op in tien categorieën: informatietechnologie, collectieve keukens, onderwijs, gezondheidszorg, democratie, alternatieve economie, kunst & cultuur, ecologie, mensenrechten en media & communicatie.

Griekenland kent daarnaast een aantal bedrijven in zelfbeheer. De twee bekendste voorbeelden zijn *Vio.Me*[20] en *ERT*[21]. *Vio.Me* was een fabriek voor bouwmaterialen die door de eigenaars achtergelaten werd. De werknemers beslisten om onder zelfbeheer verder te gaan. *ERT* is de voormalige Griekse omroep. De overheid sloot deze in juni 2013, maar een deel van de werknemers besliste om door te gaan onder zelfbeheer. In beide gevallen waren door de torenhoge werkloosheid de jobkansen voor de werknemers erg beperkt en in beide gevallen werden er solidariteitsoproepen gelanceerd.

Deze burgerinitiatieven zouden onder een Syriza-regering een grotere rol gaan spelen[22]. Onlogisch is dit niet aangezien het succes van Syriza dezelfde wortels heeft als het ontstaan van de burgerinitiatieven.

---

[19] http://omikronproject.gr - Laatste toegang 12 maart 2015
[20] http://www.viome.org - Laatste toegang 12 maart 2015
[21] http://www.ertopen.com - Laatste toegang 12 maart 2015
[22] The Guardian. Greece's solidarity movement: 'it's a whole new model - and it's working'. 23 januari 2015. http://www.theguardian.com/world/2015/jan/23/greece-solidarity-movement-cooperatives-syriza - Laatste toegang 12 maart 2015

Griekenland leert ons dat burgerinitiatieven kunnen leiden tot een (weliswaar kleine) parallelle schaduweconomie waar mensen uit noodzaak in participeren. Deze initiatieven dragen veelal een zeker ideologisch karakter. Bovendien zouden ze een meer formele rol kunnen krijgen onder een nieuwe Syriza-regering.

2.2.5. Mexicaanse zelfverdediging

Het 15 000 inwoners tellende Mexicaanse stadje Tepalcatepec werd gecontroleerd door een drugkartel. De lokale bewoners werden afgeperst en politie was er niet te zien.

De lokale bevolking heeft zich georganiseerd in zelfverdedigingsgroepen en bewapenden zich met militaire wapens[23]. Hiermee legden ze de Mexicaanse wetgeving overduidelijk naast zich neer. De zelfverdedigingsgroepen slaagden erin de stad uit de greep van het drugkartel te halen.

Ondanks het feit dat de wet overtreden werd, besloot de federale overheid de leden van de zelfverdedigingsgroepen niet langer te arresteren, maar hen te rekruteren om zo de federale politie te helpen bij het identificeren van de kartelleden.

In dit geval kon de overheid profiteren van het burgerinitiatief dat ontstond zonder ondersteuning van die overheid. Sterker nog, initieel werd het burgerinitiatief vervolgd door de overheid.

Het inlijven van de leden van de zelfverdedigingsgroepen door diezelfde overheid kan dan ook gezien worden als een koersverandering van 180° waarbij niet langer getracht werd het burgerinitiatief te vernietigen maar wel het (gedeeltelijk) te integreren in het eigen apparaat, wat uiteraard een constructievere aanpak is.

2.2.6. Duitse anti-infrastructuur initiatieven

In Duitsland stoten grote infrastructuurwerken in toenemende mate op weerstand van burgerinitiatieven. Overheden en bedrijven worden daardoor gedwongen in overleg te gaan met de lokale bevolking. In *Der Spiegel* van 11 juli 2014[24] lezen we:

---

[23] Yahoo News. Citizens take fight to Mexican cartel, and win. 8 november 2013. http://news.yahoo.com/citizens-fight-mexican-cartel-win-194311304.html - Laatste toegang 12 maart 2015

[24] Der Spiegel. Angry Germans: Big Projects Face Growing Resistance. 11 juli 2014. http://www.spiegel.de/international/germany/grassroots-campaigns-increasingly-hurting-large-german-projects-a-980527.html - Laatste toegang 12 maart 2015

"If citizen involvement is taken seriously, it means that things will become more expensive," says Kefer [hoofd Infrastructuur Deutsche Bahn]. "But it means we can build in the first place and also have peace in the long term. That's a prize society should be willing to pay."

"Transportation Minister Dobrindt sees things similarly. In the past few months, his officials have developed a four-point-plan for citizen involvement. Depending on a project's advancement, there are to be information events, planning discussions, citizen forums and project advisers and a "reform commission for large projects" is supposed to examine the planning process."

Dankzij de burgerinitiatieven ontstaat er dus een groter draagvlak bij overheden en bedrijven om in dialoog te treden met de lokale bevolking.

Er zijn in Duitsland enkele overkoepelende projecten zoals *Grassroots foundation*[25] en *Graswurzelrevolution*[26] als verzet tegen projecten van de overheid en de bedrijven. Deze hebben soms een radicalere inslag waarbij de grote infrastructuurprojecten als destructief en ondemocratisch bestempeld worden.

2.2.7. België

Ook in België zijn er tal van burgerinitiatieven met een kortere of langere levensduur. Het is onmogelijk deze allemaal te bespreken en we beperken ons tot *G1000, Hart boven Hard* en *De Werkbond*.

---

[25] http://www.grassroots.de - Laatste toegang 12 maart 2015
[26] http://www.graswurzel.net - Laatste toegang 12 maart 2015

2.2.8. G1000

De *G1000*[27] is een Belgische openbare overlegvergadering tussen gewone burgers over politieke thema's. Het idee voor het burgerinitiatief rijpte in de politieke impasse die ontstond na de federale verkiezingen van 2010. De bedoeling van de organisatoren is '*om verse zuurstof te verlenen aan de politieke impasse en aan te tonen dat democratie vernieuwd kan worden*'.

De actie bestaat uit drie fases. In een eerste fase kon iedereen uit een lijst met vragen de 25 belangrijkste en relevantste vragen selecteren. Op 11 november 2011 werden dan 1000 geselecteerde mensen uitgenodigd op de *G1000*-vergadering in Thurn en Taxis te Brussel. Tijdens deze vergadering met 704 aanwezigen, werd in groepjes over de 25 vragen gedebatteerd en werd geprobeerd tot een voorstel tot oplossing te komen. Dit voorstel werd dan na de vergadering verder uitgewerkt door een groep van 32 vrijwilligers, de *G32*. Het initiatief beschouwd onafhankelijkheid als uiterst belangrijk.

Grote bezieler achter de *G1000*-actie is schrijver David Van Reybrouck. Francesca Vanthielen is woordvoerster. Sommige burgers hebben meer zichtbaarheid en autoriteit dan anderen en dus meer impact bij het lanceren van burgerinitiatieven.

De *G1000* had een sterk theoretische inslag en haar einddocument is een rapport van 121 bladzijden. Aangezien de taak van de *G1000* daarmee afgerond is, is het (voorlopig?) niet meer actief. Natuurlijk is geen enkele beleidsmaker verplicht dit rapport ter hand te nemen. Het feit dat het burgerinitiatief niet meer actief is, reduceert bovendien haar sociale invloed. De impact van de *G1000* is dan ook onduidelijk en allicht beperkt. Misschien werden een aantal ideeën uit het rapport door beleidsmakers of haar oppositie opgepikt. Daarnaast is burgerparticipatie een proces voor het individu, waar initiatieven als de *G1000* aan kunnen bijdragen.

---

[27] http://www.g1000.org - Laatste toegang 8 maart 2015

Hart Boven Hard

Hart boven Hard[28] is meer activistisch dan de *G1000* en profileert zich als een burgerinitiatief dat is ontstaan uit verzet tegen de regeringen na de verkiezingen van 2014. Op hun website lezen we:

"HART BOVEN HARD is een burgerinitiatief dat individuen en organisaties verenigt die zich zorgen maken over het geplande beleid van de Vlaamse en federale regering. Van studenten en gepensioneerden tot sociale en culturele organisaties, allen willen ze gaan voor een samenleving die hart boven hard verkiest. Het initiatief verzet zich tegen een al te economische kijk op onze samenleving en verdedigt gelijkheid, solidariteit en zuurstof voor mensen."

Toch moet vermeld worden dat het geen zuiver burgerinitiatief is dat voortgekomen is uit ongebonden burgers. Het is daarentegen voortgekomen uit de samenwerking van diverse Vlaamse middenveldorganisaties, zoals blijkt uit een analyse in *De Standaard*[29].

De Vlaamse Werkbond

Een tegeninitiatief op *Hart boven Hard* is de Vlaamse *Werkbond*[30] dat zich profileert als een initiatief dat *"werd opgericht door enkele jongeren die bezorgd zijn rond de huidige stakingsconjunctuur."* In werkelijkheid is het een mantelorganisatie van Open VLD - de jongerenorganisatie van een regeringspartij nota bene - volgens diezelfde analyse in *De Standaard.*

---

[28] http://www.hartbovenhard.be - Laatste toegang 12 maart 2015
[29] De Standaard. Is De Werkbond een mantelorganisatie van Open VLD? 17 december 2014. http://www.standaard.be/cnt/dmf20141216_01433236 - Laatste toegang 12 maart 2015
[30] http://www.werkbond.be - Laatste toegang 12 maart 2015

2.2.9. Conclusie

De drie Belgische voorbeelden maken duidelijk dat zogenaamde burgerinitiatieven niet steeds even bottom-up en spontaan zijn; ze kunnen het initiatief zijn van bekende figuren, van middenveldorganisaties, van regeringspartijen, etc. Er wordt niet altijd even open gecommuniceerd wie er nu echt achter de initiatieven zit. Blijkbaar spreken nieuwe spontane initiatieven burgers soms meer aan dan bestaande structuren.

2.2.10. Voorwaarden voor burgerinitiatieven

Essentieel om zelforganisatie en dus burgerinitiatieven tot stand te brengen is een begrip van de achterliggende bewegingswetten, of, met ander woorden, van de principes die een gezonde dynamiek stimuleren.

In *Self-organization and the role of government: how and why does self-organization evolves in the shadow of hierarchy?*[31] wordt verwezen naar bestaand onderzoek betreffende zelforganisatie van burgers. De gegeven voorwaarden zijn:
- Een drijfveer (*incentive*) die de bestaande aanpakken onder druk zet waardoor het gevoel/bewustzijn ontstaat dat een andere aanpak vereist is.
- Een *open houding* gebaseerd op wederzijds vertrouwen bij de samenwerking met de verschillende betrokken partijen binnen de groep. Er moet m.a.w. voldoende sociaal kapitaal aanwezig zijn binnen de groep. Maar ook een open houding van de andere betrokken partijen buiten de groep (veelal overheden) is vereist.
- Een *uitwisseling en wisselwerking van ideeën*. Daarvoor moeten de verschillende partijen voldoende samen kunnen zitten, maar anderzijds ook niet te veel om frustraties te vermijden.
- Een duidelijke *focus* wat betreft het doel waar gemeenschappelijk naartoe gewerkt wordt.
- Een *gemeenschappelijke locus*, dit is een fysieke en/of virtuele ruimte waar alle informatie en discussie samenkomt. Fragmentering over verschillende locaties dient vermeden te worden.
- De nodige connecties met de buitenwereld (*boundary spanning*) zoals de overheden.
- De mogelijkheid te werken in een relatief *beschermde omgeving*.

[31] LIPSE. Self-organization and the role of government: how and why does self-organization evolves in the shadow of hierarchy? 9-11 april 2014. http://www.lipse.org/userfiles/uploads/Paper%20IRSPM%202014%20Nederhand%20et%20al%20self-organization%20and%20the%20role%20of%20government.pdf - Laatste toegang 9 maart 2015

- Een voldoende graad van *vrijheid* en *flexibiliteit* bij de verschillende actoren in gedrag, visie en aanpak die nodig is om met de nieuwe uitdagingen om te kunnen gaan.

Zoals reeds vermeld is voor Sherry Arnstein nog een ander aspect van belang. Zij ziet[32] participatie zonder herverdeling van macht als *een betekenisloos en frustrerend proces voor de have-nots waardoor de status quo in stand blijft*. Burgers bepaalde taken laten overnemen die traditioneel door de overheid gedaan worden, kan in haar optiek dus enkel indien er ook een bijhorende verschuiving van middelen en beslissingsvorming is.

Dat bovenstaande niet steeds aanwezig is in België wordt bevestigd in een opiniestuk[33] van 13 maart 2015 in De Morgen door Pascal Debruyne, onderzoeker aan de UGent (MENARG), Marc Jans, Labo Educatie en Samenleving aan de KU Leuven en Stijn Oosterlynck, stadssocioloog aan de UAntwerpen. Ze stellen:

"Zelforganisaties krijgen dus wel steeds meer 'symbolische' erkenning door overheden, maar financiële erkenning en institutionele omkadering blijft een heikel punt."

"Vrijwilligers ervaren dat ze door politici worden gezien als een gratis oplossing voor maatschappelijke tekorten in de huidige besparingscontext."

Uit de analyse van de *Big Society* in het Verenigd Koninkrijk blijkt bovendien dat burgers over de nodige **ruimte** moeten beschikken om te kunnen participeren in dergelijke initiatieven:

- De burger moet nog over de nodige *vrije tijd* beschikken na zijn professionele en familiale verplichten.
- De *psychologische ruimte* moet aanwezig zijn. Een burger mag niet totaal geabsorbeerd worden door zorgen (onzekerheid, stress, …) in zijn werk- en/of privéomgeving.

---

[32] Sherry R Arnstein. A Ladder of Citizen Participation. Originally published in July 1969. http://lithgow-schmidt.dk/sherry-arnstein/ladder-of-citizen-participation.html - Laatste toegang 9 maart 2015
[33] De Morgen. Waarom vrijwilligers de burn-out nabij zijn. 13 maart 2015. http://www.demorgen.be/opinie/waarom-vrijwilligers-de-burn-out-nabij-zijn-a2250526/ - Laatste toegang 13 maart 2015

De **motivatie** van burgers om vrijwillig tijd en energie te investeren in een project zijn van diverse aard:

- Het *sociaal contact* en het gevoel iets bij te dragen aan de groep (of meer algemeen de samenleving) zou hen mentaal gezonder houden en meer algemeen hun levenskwaliteit verhogen[34, 35].
- Ook wordt *werkervaring* opgegeven als reden voor een dergelijke participatie.
- Verder kunnen ook religieuze, ideologische en ethische *overtuigingen* meespelen.
- Ten slotte kan zelforganisatie gezien worden als een manier om de *eigen belangen* op een collectieve manier te behartigen.

2.2.11. Conclusie

In deze sectie werden een aantal sterk uiteenlopende burgerinitiatieven beschouwd. Op basis hiervan kunnen een aantal interessante conclusies getrokken worden, die hieronder gegeven worden. Tabel 1 geeft een samenvattend overzicht.

- Er zijn *succesvolle voorbeelden* van zelforganisatie door burgers dankzij het kader dat door de overheden gecreëerd werd. In Nederland zijn er bijvoorbeeld wijkcentra in zelfbeheer die zonder het nodige kader, openheid en middelen vanuit de overheid allicht nooit van de grond geraakt zouden zijn.
- Burgerinitiatieven kunnen *niet opgelegd* worden, maar kunnen enkel via gepaste maatregelen gestimuleerd worden, wat een ander denkkader vereist bij de overheden.
- *Besparingen* hebben een dubbel effect op burgerinitiatieven. Enerzijds kunnen besparingen initiatieven vanuit de overheden om zelforganisatie bij burgers te stimuleren torpederen, zoals we gezien hebben met de *Big Society* in het Verenigd Koninkrijk. Anderzijds kan het mensen dwingen tot zelforganisatie om de sociale noden waar de overheid traditioneel voor zorgde zo goed en zo kwaad als het kan in te vullen, wat geïllustreerd wordt in het Griekse verhaal.
- Besparingen of het gevoel van onvoldoende inspraak kunnen resulteren in oppositionele burgerinitiatieven.
- Wanneer we spreken over burgerinitiatieven, spreken we veelal over *zelfbeheer*. De term zelfbeheer op zich kan echter verschillende invullingen hebben. Ter

[34] Reachout.com. 6 reasons why volunteering is good for you. 16 mei 2012. http://ie.reachout.com/2012/05/16/6-reasons-why-volunteering-is-good-for-you/ - Laatste toegang 12 maart 2015
[35] The Huffington Post. Why Volunteering Is So Good For Your Health. 11 januari 2011. http://www.huffingtonpost.com/hilary-young/benefits-of-volunteering_b_4151540.html - Laatste toegang 12 maart 2015

illustratie leggen we het zelfbeheerproject van de Groendienst Amsterdam naast de voormalige publieke omroep *ERT* onder zelfbeheer. In het zelfbeheerproject vanuit de Groendienst van Amsterdam worden uitvoerende taken van de Amsterdamse Groendienst, zoals het netjes houden van een bloembak op de openbare weg, uitbesteed aan individuele vrijwilligers. Dit is een totaal andere invulling dan bij bijvoorbeeld de voormalige Griekse omroep *ERT*, waarbij niet enkel de uitvoering maar het volledige beheer door vrijwilligers gebeurt.

- Het Mexicaanse (en misschien het Griekse) verhaal leert ons dat de overheid *voordeel* kan halen uit burgerinitiatieven, ook al was diezelfde overheid ze oorspronkelijk liever kwijt dan rijk.
- Hoewel sommige initiatieven zich profileren als *spontane* initiatieven door burgers kunnen er in werkelijkheid bestaande organisaties achter zitten. Dit is het geval in België voor onder meer *Hart boven Hard* en *De Werkbond*.
- De *rol van IT* is in dit verhaal secundair. Wanneer er gebruikgemaakt wordt van IT is er idealiter één geïntegreerd IT-platform om te vermijden dat de gegevens en gebruikers verspreid zitten.

Er dient ten slotte rekening gehouden te worden met de impact van culturele aspecten op de participatiegraad van burgers in dergelijke initiatieven (zie appendix), maar dit valt buiten de scope van deze tekst. Deze aspecten kunnen van land tot land en zelfs van regio tot regio verschillen. De verschillende culturele dimensies worden gegeven in sectie 7.3 in de appendix.

Case	Graad Burgerparticipatie	Initiator	Lessen
Big Society UK	Gedelegeerde macht (7)	Nationale overheid	1. Besparingen zijn een slechte drijfveer. 2. Probeer dit niet op te leggen.
Groendienst Amsterdam	Manipulatie (1)	Lokale overheid	1. Onterecht gebruik van de term zelfbeheer. 2. Frustratie bij burgers door gebrek aan medezeggenschap.

Wijkcentra NL	Gedelegeerde macht (7)	Burgers	1. Openheid & ondersteuning overheid helpt. 2. Centrale fysieke locatie belangrijk.
Griekse burgerinitiatieven	Burgermacht (8)	Burgers	1. Besparingen overheid kunnen resulteren in oppositionele burgerinitiatieven. 2. Burgerinitiatieven krijgen mogelijk formelere rol met nieuwe regering.
Mexicaanse zelfverdediging	Burgermacht (8)	Burgers	Burgerinitiatieven kunnen expertise bevatten die nuttig is voor overheid.
Duits anti-infrastructuurprotest	Burgermacht (8)	Burgers	Burgerinitiatieven dwingen overheden en bedrijven tot inspraak burgers.
België	Burgermacht (8)	Burgers, bestaande organisaties, bekende figuren	'Burgerinitiatieven' niet steeds door gewone burgers geïnitieerd, maar mogelijks door bekende figuren of bestaande organisaties.

Tabel 1: Overzicht van de besproken burgerinitiatieven

2.3. Overheidsinitiatieven

In de vorige sectie werden een aantal initiatieven van onderuit besproken die een positief effect kunnen hebben op de participatiegraad van burgers. Complementair daarmee worden in deze sectie enkele initiatieven besproken die overheden kunnen nemen met hetzelfde doel voor ogen: burgerparticipatie, maar dan wel binnen de bestaande structuren. We bespreken en geven voorbeelden van burgerbegrotingen, eRulemaking, eVoting en eInterpellation en geven ten slotte enkele voorbeelden hoe vrijwilligerswerk aangemoedigd en ondersteund kan worden door overheden (en eventueel bedrijven). Opnieuw trachten we de mapping te doen op de participatieladder uit de eerste sectie. En opnieuw doen we geen claims over de representativiteit van de gegeven voorbeelden.

2.3.1. Burgerbegroting

Een burgerbegroting[36] [37] geeft de burgers de kans te bepalen hoe een deel van het budget aangewend wordt. Typisch is een burgerbegroting een proces waarin meerdere stappen te identificeren zijn:

- Eerst wordt gediscussieerd door burgers over prioriteiten waaraan budget besteed zou moeten worden.
- Daarna worden voorstellen geconcretiseerd m.b.v. experts.
- Er wordt gestemd over de voorstellen door de burgers over welke projecten budget krijgen.
- De (gemeentelijke) overheid voert de geselecteerde projecten uit.

Burgerbegroting werd voor het eerst toegepast in 1989 in het Braziliaanse Porto Alegre. Op een totale bevolking van 1,4 miljoen, neemt een 50 000-tal inwoners deel aan het proces van burgerbegroting (3,6%). In Berlijn-Lichtenberg wordt al bijna tien jaar met een *Bürgerhaushalt* gewerkt. Op een inwonersaantal van 250 000 participeren er een 7000-tal (2,8%).

In het Nieuw-Zeelandse Christchurch past men een variant toe. De overheid maakt er een begroting en gaat daarmee de boer op en houdt debatten en gesprekken bedoeld om de begroting te verbeteren. In Porto Alegre richten de burgers de begroting zelf in en bieden die de gemeenteraad aan[38]. Christchurch en Porto Alegre staan model voor twee soorten burgerbegroting.

Een burgerbegroting maken volgens het "Porto Alegre"-model is geen kwestie van een formulier invullen of meedoen aan een internetpoll. Het is een besluitvormend proces waarin burgers delibereren en onderhandelen over het aanwenden en verdelen van publieke geldbronnen[39]. Het gaat dus veel verder dan advies aan de overheden door de

---

[36] http://en.wikipedia.org/wiki/Participatory_budgeting - Laatste toegang 12 maart 2015
[37] http://www.thepeoplesbudget.org.uk/ - Laatste toegang 12 maart 2015
[38] Sociale Vraagstukken. Waarom lukt een burgerbegroting toch niet in Nederland? 23 januari 2013. http://www.social-evraagstukken.nl/site/2013/01/23/waarom-lukt-een-burgerbegroting-toch-niet-in-nederland/ - Laatste toegang 12 maart 2015
[39] Sociale Vraagstukken. Waarom lukt een burgerbegroting toch niet in Nederland? 23 januari 2013. http://www.social-evraagstukken.nl/site/2013/01/23/waarom-lukt-een-burgerbegroting-toch-niet-in-nederland/ - Laatste toegang 12 maart

burgers. De burgers nemen zelf de beslissingen. Maar ook in het Christchurch model is discussie op fysieke locaties essentieel.

Ondertussen wordt het concept van burgerbegroting toegepast in naar schatting 1500 steden over de hele wereld[40]. Sinds 2014 wordt ook in het district Antwerpen 10% van de uitgaven (1,1 miljoen euro) via een burgerbegroting bepaald[41].

Casestudies van acht Braziliaanse steden zouden[42] aantonen dat burgerbegrotingen leiden tot meer egalitaire publieke uitgaven, een grotere overheidstransparantie en -aansprakelijkheid, een grotere betrokkenheid van de bevolking, inclusief de armeren en meer gemarginaliseerden, en de ontwikkeling van meer democratisch burgerschap. Volgens de Wereldbank[43] leidden burgerbegrotingen tot een directe verbetering van publieke voorzieningen zoals scholen en watervoorziening.

Vaak blijkt het moeilijk te zijn voor politici en bestaande structuren om een deel van hun bevoegdheden af te staan. Een beperking bij de burgerbegroting is bovendien dat het enkel beslist over uitgaven, en geen zeggenschap heeft over inkomsten en maar weinig impact heeft op economische aspecten zoals werkloosheid. Burgerbegrotingen situeren zich quasi exclusief op het stedelijk niveau, waar er maar rond een beperkt budget bevoegdheden liggen. Een addertje onder het gras voor de participerende bevolking is natuurlijk dat de bevolking niet enkel beslist over welke projecten er wel gedaan worden, maar impliciet dus ook over welke projecten er niet gedaan worden, wat in tijden van budgettaire krapte neerkomt op beslissen waar er bespaard zal worden.

Een uitdaging blijft om een representatief deel van de bevolking bij de discussies te betrekken.

2.3.2. eRulemaking

Een onderdeel van eGovernment is eRulemaking waarbij overheden via digitale platformen burgers inspraak geven bij de totstandkoming van wetten.

2015
[40] http://www.participatorybudgeting.org/about-participatory-budgeting/where-has-it-worked/ - Laatste toegang 12 maart 2015
[41] http://www.burgerbegroting.be/ - Laatste toegang 9 maart 2015
[42] Brian Wampler. Participatory Budgeting in Brazil - Contestation, Cooperation, and Accountability. 2007. http://www.psupress.org/books/titles/978-0-271-03252-8.html - Laatste toegang 12 maart 2015
[43] World Bank. Empowerment Case Studies: Participatory Budgeting in Brazil. 2009. http://siteresources.worldbank.org/INTEMPOWERMENT/Resources/14657_Partic-Budg-Brazil-web.pdf - Laatste toegang 12 maart 2015

Een voorbeeld van een dergelijk platform is het Amerikaanse *regulationroom.org*[44] dat ontwikkeld werd door *CeRI*[45], een multidisciplinair team aan de Cornell University in de Verenigde Staten.

Diverse wetten werden via dit platform ter discussie aan de bevolking voorgelegd, zoals wetgeving omtrent consumentenschuld, omtrent toegankelijkheid van onder meer reiswebsites voor mindervaliden en omtrent rechten van vliegtuigpassagiers.

De discussies op *regulationroom.org* worden sterk gestructureerd en gemodereerd en zijn in tijd bepekt. Dit is noodzakelijk gezien online discussies snel uit de hand dreigen te lopen. De rol van de burger blijft hierbij adviserend. De overheid zal wel een antwoord formuleren op de serieuze feedback, maar is op zich niet verplicht er rekening mee te houden.

2.3.3. eInterpellation

We introduceren de term *eInterpellation*, wat we definiëren als de mogelijkheid van de burger om via elektronische weg de mogelijkheid te bekomen om vragen te stellen aan een regering, waarop deze, als deel van het democratisch proces, verplicht is te antwoorden.

Voorbeelden

In vele overheden op diverse niveaus (gemeentelijk, nationaal, …) bestaat al langer de mogelijkheid voor burgers om een vraag te stellen aan deze overheid na het verzamelen van voldoende handtekeningen.

In **Leuven** kan dit na het ophalen van handtekeningen van 1% van de stemgerechtigden[46][47]. Met 10% kan zelfs een referendum afgedwongen worden. Hier is er nog geen mogelijkheid dit elektronisch te organiseren.

---

[44] http://www.regulationroom.org - Laatste toegang 12 maart 2015
[45] http://www.lawschool.cornell.edu/ceri/ - Laatste toegang 12 maart 2015
[46] Het Nieuwsblad. Duizend handtekeningen voor behoud Fochplein. 31 oktober 2011. http://www.nieuwsblad.be/cnt/nd3hojrn - Laatste toegang 12 maart 2015
[47] Het Laatste Nieuws. "We willen spreekrecht op gemeenteraad". 12 augustus 2014. http://www.hln.be/regio/nieuws-uit-leuven/-we-willen-spreekrecht-op-gemeenteraad-a1987070/ - Laatste toegang 12 maart 2015

In het **Verenigd Koninkrijk** bestaat er op nationaal niveau een zwakkere, meer vrijblijvende vorm van eInterpellation. Een petitie op het overheidsplatform[48] met meer dan 100 000 handtekeningen komt in aanmerking voor debat in het House of Commons: *"[It] will be considered for debate in the House of Commons"*.

De **Europese Commissie** heeft een *EU Citizenship Portal*[49] waar de burger een overzicht krijgt van de verschillende manieren waarop hij/zij invloed kan hebben op het Europese beleid:

1. Er zijn links naar enkele blogs van de eurocommissarissen en naar Facebookpagina's.
2. Het *Europe for Citizens Programme* tracht via vorming het Europese bewustzijn te stimuleren. Deze vorming gaat onder meer over de Europese geschiedenis en de huidige beleidsvorming.
3. Er wordt een overzicht geboden van de verschillende mogelijkheden om te participeren in vrijwilligerswerk binnen Europa.
4. Er is de mogelijkheid tot eInterpellation. We gaan wat dieper in op dit punt.

Indien een Europees burgerinitiatief erin slaagt één miljoen handtekeningen te verzamelen, moet de Europese commissie een antwoord formuleren en publiceren. De Europese commissie biedt zelf geen online systeem aan voor het inzamelen van handtekeningen. De initiatiefnemers zetten dit zelf op (of laten dit doen) en moeten vervolgens een certificering bekomen.

In februari 2014 slaagde[50] een eerste dergelijk initiatief, genaamd *Right2Water*[51]. Het wil van de toegang tot water een mensenrecht maken om zo een verbod op liberalisering

---

[48] http://epetitions.direct.gov.uk/ - Laatste toegang 12 maart 2015

[49] http://ec.europa.eu/citizenship/index_en.htm - Laatste toegang 12 maart 2015

[50] MO. Eerste Europese burgerinitiatief eist toegang tot water. 20 februari 2014. http://www.mo.be/artikel/eerste-europese-burgerinitiatief-eist-toegang-tot-water - Laatste toegang 12 maart 2015

[51] http://www.right2water.eu/ - Laatste toegang 12 maart 2015

van watervoorraden en -voorzieningen te verkrijgen. Ondanks een positief antwoord[52] door de Europese Commissie trachtte de Griekse overheid onder druk van Europa de watervoorziening in Thessaloníki te privatiseren, wat tegengehouden kon worden deels door een door de bevolking georganiseerd lokaal referendum, waarbij 98% tegen stemde[53].

Een ander dergelijk burgerinitiatief, One of us, vraagt[54] aan de EU om "*activiteiten die de vernietiging van menselijke embryo's veronderstellen*" niet langer financieel te steunen, wat zou impliceren dat Europa stamcelonderzoek niet langer financieel zou ondersteunen. De vraag van dit burgerinitiatief werd verworpen[55].

2.3.4. Ervaringen

De huidige vorm van dergelijke interpellaties - online of via de klassieke weg - is dikwijls erg vrijblijvend. De Leuvense burgemeester Louis Tobback formuleert[37] het als volgt:

"Eigenlijk is het spreekrecht een manier om de participatie van burgers te verhogen. Maar de vorige keren is het telkens op een sisser uitgedraaid. Ik denk dat het eerder tot verbittering leidt, want de mensen verwachten dan van alles maar er komt niks van. Mij lijkt het frustrerend, om 1 000 handtekeningen bij elkaar te schoffelen en achteraf te moeten beseffen dat het een slag in het water was."

Enerzijds kan als kritiek gegeven worden op het Europese initiatief dat de organisatoren zelf hun online inzamelplatform op moeten zetten en laten certifiëren, wat een serieuze drempel is. Anderzijds is er de kritiek[56] op het Britse gecentraliseerde overheidsplatform dat de overheid op deze manier de gegevens bezit van alle ondertekenaars van alle

---

[52] http://europa.eu/rapid/press-release_IP-14-277_nl.htm - Laatste toegang 12 maart 2015
[53] Keep Talking Greece. Thessaloniki: 98% say NO to water privatization in unoficial rerendum. 18 mei 2014. http://www.keeptalkinggreece.com/2014/05/18/thessaloniki-98-say-no-to-water-privatization-in-unoficial-rerendum/ - Laatste toegang 12 maart 2015
[54] VUB. Vlaamse universiteiten luiden alarmbel over Europees initiatief. 10 april 2014. http://www.vub.ac.be/nieuws/2014/04/10/vlaamse-universiteiten-luiden-alarmbel-europees-initiatief - Laatste toegang 12 maart 2015
[55] European Commission. European Citizens' Initiative: European Commission replies to 'One of Us'. 28 mei 2014. http://europa.eu/rapid/press-release_IP-14-608_en.htm - Laatste toegang 12 maart 2015
[56] The Guardian. E-petitions can be very effective, but don't put them in the hands of government . 24 februari 2014. http://www.theguardian.com/commentisfree/2014/feb/24/e-petitions-often-worse-than-useless - Laatste toegang 12 maart 2015

petities - waar de overheid dikwijls niet zo mee gediend is - terwijl de organisatoren van de petities deze gegevens niet te weten kunnen komen.

2.3.5. eVoting

Stemmen is de basis van elke democratische structuur. Zo kunnen vertegenwoordigers gekozen worden of collectief beslissingen genomen worden (referenda). Relatief nieuw is echter om dit elektronisch te doen. We onderscheiden twee vormen van eVoting: lokale eVoting en eVoting op afstand. In het eerste geval verplaatst de burger zich fysiek naar een lokaal om er zijn stem uit te brengen m.b.v ICT-systemen. In het tweede geval hoeft deze fysieke verplaatsing niet meer en wordt de stem via het internet uitgebracht.

eVoting op afstand is een pak minder courant gezien de technische uitdagingen waaronder:
- Weten we zeker dat de stemmer diegene is die hij beweert te zijn (authenticatie).
- Weten we zeker dat de stemmer niet onder sociale druk stond bij het uitbrengen van zijn stem?
- Kunnen we voldoende vertrouwen hebben in de resultaten? Idealiter is de uitslag door elke burger te verifiëren.

Deze tweede vorm van eVoting is de meest interessante in het kader van eParticipation, aangezien het drempelverlagend werkt en dus kan leiden tot een grotere participatiegraad.

Een voorbeeld van eVoting op afstand vinden we in Estland, dat in 2005 het eerste land was dat bindende algemene verkiezingen hield op het gemeentelijk niveau over het Internet. In 2007 volgde een tweede primeur waarbij voor de parlementsverkiezingen via het internet gestemd kon worden.
Ondanks hevige kritieken van onafhankelijke veiligheidsexperts[57] die stellen dat stemmen over het internet niet veilig kan zijn, besliste de overheid ermee door te gaan.

Stemmen via het internet is dus verre van triviaal en voorzichtigheid is dus geboden.

---

[57] https://estoniaevoting.org/ - Laatste toegang 8 maart 2015

Bovendien kan opgemerkt worden dat indien de noodzaak van eVoting voortvloeit uit een hoge graad van absenteïsme, eVoting op afstand eerder het gebrek aan burgerzin bij burgers camoufleert dan de burgerzin stimuleert.

2.3.6. Aanmoedigen & ondersteunen vrijwilligerswerk

Overheden of bedrijven kunnen vrijwilligerswerk stimuleren. Bij vrijwilligerswerk verstaan we het zich onbezoldigd inschakelen in bestaande initiatieven die kunnen uitgaan van organisaties, burgers, overheden of bedrijven. Vrijwilligerswerk is dus niet noodzakelijk gelieerd aan burgerinitiatieven.

Make a Difference Day

Jaarlijks worden in de VS op 25 oktober allerlei charity-activiteiten georganiseerd. Op de website[58] van *Make a Difference Day* - een initiatief van *USA WEEKEND magazine* - is het mogelijk een nieuwe charity activiteit te starten of reeds bestaande te doorzoeken en er aan deel te nemen.

Gov UK - Get Involved

Het Verenigd Koninkrijk tracht via onder meer de site *Get Involved*[59] burgers te stimuleren tot participatie. Burgers kunnen er hun mening geven over overheidsbeslissingen, kunnen petities lanceren, kunnen er overheidsblogs volgen en kunnen deelnemen aan diverse types van vrijwilligerswerk zoals het organiseren van een straatfeest, de overname van een lokale handelszaak en het opzetten van een school. In essentie wordt op een eenvoudige manier een overzicht van bestaande initiatieven en mogelijkheden aangeboden.

---

[58] http://makeadifferenceday.com/ - Laatste toegang 12 maart 2015
[59] https://www.gov.uk/government/get-involved - Laatste toegang 12 maart 2015

Grassroots Europe for Local Wellbeing Initiative

Dit initiatief heeft als doel het ondersteunen van "*Europese community-based grassroots organisaties*[60]" die in staat zijn om hun gemeenschappen (community's) en het bredere publiek te mobiliseren rond sociale integratie en marginalisering in het onderwijs waarbij de meest kwetsbare groepen in de samenleving geholpen worden.

Het project wil Europese burgers die actief zijn in onderwijs en sociale inclusie de mogelijkheid bieden tot discussie onderling, met beleidsmakers, met het middenveld op lokaal, nationaal en Europees niveau.

Het project is een samenwerking van organisaties uit acht verschillende Europese landen, namelijk Albanië, Duitsland, Kroatië, Oostenrijk, Hongarije, Letland en Roemenië. Het doel is om erg lokale stemmen te laten doorklinken in het beleid op Europees niveau.

De focus ligt op zogenaamde softe domeinen voor lokale ontwikkeling, met name cultuur, creativiteit en innovatie en op de bevordering van het welzijn op lokaal niveau d.m.v. formele en informele opleidingen.

De *Europese Commissie* focust dus niet alleen op het verhogen van haar democratische karakter (zie sectie 2.3.3), maar heeft daarnaast ook aandacht voor initiatieven in de "softe" domeinen: cultuur, creativiteit en innovatie.

2.3.7. Conclusie

In deze sectie werden een aantal mogelijkheden besproken die door overheden aangewend kunnen worden om de participatiegraad van de burgers te verhogen. Een samenvattend overzicht is te vinden in Tabel 2.

---

[60] http://www.grassrootseurope.org - Laatste toegang 12 maart 2015

IT kan in overheidsinitiatieven een meer of minder dominante rol innemen. Aan de ene kant zagen we dat eVoting op afstand complexe technologie vereist. En zelfs dat volstond niet in Estland, aldus veiligheidsexperts. Aan de ander kant zien we dat veelal eenvoudige technologieën gebruikt worden zoals klassieke websites met praktische informatie en met een traditioneel overzicht van de mogelijkheden rond vrijwilligerswerk.

Hoewel er de voorbije jaren enorme vooruitgang werd geboekt, blijven er technologische uitdagingen. Hoe kunnen we er bijvoorbeeld zeker van zijn dat de burgers inderdaad het recht hebben om deel te nemen aan bepaalde initiatieven, zonder dat daarbij de drempel voor de burger significant wordt verhoogd? Hoe kan een burger bijvoorbeeld gemakkelijk over het internet aantonen dat hij in een bepaalde stad leeft?

Verder zijn er nog minder gekende vormen van burgerparticipatie zoals ePlanning[61], waarbij de burgers een zeg krijgen bij de ruimtelijke planning in steden en gemeenten.

Type	Graad Burgerparticipatie	Initiator	Lessen
Burgerbegroting	Samenwerking (6)	Overheid	1. Meer egalitaire overheidsuitgaven. 2. Beperkt tot deel van de uitgaven. 2. Representativiteit blijft uitdaging. 3. Rol IT zeer beperkt.
eRulemaking	Consultatie (4)	Overheid	1. Rol burger blijft adviserend. 2. IT als facilitator.
eInterpellation	Poging tot inspraak (5)	Overheid	1. Vrijblijvend voor overheden, met mogelijke frustraties bij burgers. 2. IT als facilitator. 3. Beperk controle overheid op IT-platform.
eVoting	Gedelegeerde macht (7)	Overheid	1. Uitdagingen op vlak van IT. 2. Camoufleert mogelijk het gebrek aan burgerparticipatie.
Stimuleren vrijwilligerswerk	Inspraak (3)	Overheid	IT beperkt zich tot klassieke informerende websites.

Tabel 2: Overzicht van de besproken types overheidsinitiatieven

[61] http://en.wikipedia.org/wiki/Participatory_planning#E-Planning - Laatste toegang 12 maart 2015

3. Burgerinitiatieven en de cloud

In het vorige hoofdstuk werd d.m.v. diverse concrete cases een licht geworpen op hedendaagse burgerparticipatie. Dit hoofdstuk zoomt in op het IT-aspect, meer bepaald bespreekt het hoe clouddiensten gebruikt kunnen worden in het kader van burgerinitiatieven. Met de bagage uit dit en het vorige hoofdstuk formuleren we vervolgens in het volgende hoofdstuk een conceptueel IT-platform ter ondersteuning van burgerinitiatieven.

In sectie 3.1 wordt ingegaan op een aantal clouddiensten dat zich specifiek richt op burgerparticipatie. Sectie 3.2 bespreekt een aantal generieke tools die onder meer gebruikt kunnen worden in het kader van burgerparticipatie. Sectie 3.3 illustreert hoe de clouddiensten uit de twee voorgaande secties gebruikt kunnen worden a.d.h.v. twee scenario's. Sectie 3.4 bespreekt de mogelijkheden voor mobile citizen engagement, dus burgerparticipatie gebruikmakend van mobiele toestellen. Sectie 3.5, ten slotte, bespreekt citizen development, dus waarbij burgers applicaties en apps zelf ontwikkelen.

3.1. Specifieke diensten

Deze sectie gaat dieper in op een aantal bestaande IT-diensten die zich richten op burgerinitiatieven: crowdfunding, crowdsourcing, ePetitions, burgerjournalistiek en campagne- & communityplatformen.

3.1.1. Crowdfunding

Crowdfunding is een alternatieve wijze om een project te financieren. Om een project te financieren gaan ondernemers in de meeste gevallen naar de bank om via een kredietaanvraag het nodige startkapitaal te verkrijgen. Crowdfunding verloopt echter zonder financiële tussenpartijen, maar zorgt voor direct contact tussen investeerders en ondernemers[62]. Crowdfunding beperkt zich dus niet tot non-profit initiatieven (*donation-based crowdfunding*) maar kan een manier zijn voor een bedrijf om geld op

---

[62] http://nl.wikipedia.org/wiki/Crowdfunding - Laatste toegang 12 maart 2015

te halen, waarbij de sponsor iets - bijvoorbeeld aandelen - in ruil krijgt (*Investment crowdfunding*).

Enkele internationale crowdfundingplatformen zijn *GoFundMe*[63], *Kickstarter*[64], *Indiegogo*[65] en *Crowdfunder*[66].

Crowdfunding wordt toegepast in o.a. Nederland (*Voor Je Buurt*) en het Verenigd Koninkrijk (*Community Shares*) om lokale initiatieven te stimuleren. Dit wordt in wat volgt besproken.

Voor je Buurt (NL)[67]

Voor je buurt is een Crowdfunding- en crowdsourcing-platform voor lokale initiatieven:

"Bewoners, maar ook bedrijven, kunnen hier geld doneren, of tijd, ruimte en materiaal ter beschikking stellen. [...] Je kunt doneren, je kunt een project starten en je kunt partner worden."

Projecten zijn o.a. een monument in de wijk, 24/7 zorghulp, het redden van een festival, kledingruil en een kattencafé.

In ruil voor een donatie kan er een tegenprestatie beloofd worden zoals bijv. gebruik kunnen maken van de dienst gedurende een bepaalde periode (vb. ouderenzorg), een T-shirt, ... Eens de financiering (crowdfunding) gerealiseerd is, kunnen taken ingevuld worden zodat vrijwilligers m.b.v. de ingezamelde middelen het project kunnen realiseren (crowdsourcing, zie verder).

In Nederland bestaat er daarnaast consultancy die zich specifiek richt op crowdfunding[68].

---

[63] http://www.gofundme.com - Laatste toegang 12 maart 2015
[64] https://www.kickstarter.com - Laatste toegang 12 maart 2015
[65] http://www.indiegogo.com - Laatste toegang 12 maart 2015
[66] http://www.crowdfunder.com - Laatste toegang 12 maart 2015
[67] http://www.voorjebuurt.nl - Laatste toegang 12 maart 2015
[68] http://www.douwenkoren.nl - Laatste toegang 12 maart 2015

Community Shares (UK)[69]

C●mmunity
Shares

Het concept is hier wat anders. Via crowdfunding wordt getracht coöperatieven op te starten. Een persoon kan maximaal één aandeel kopen en wordt aldus coöperant. Als coöperant heb je inspraak en kun je delen in de eventuele winst. Elke coöperant steunt het project evenveel. Projecten gaan over de installatie van zonnepanelen, het heropenen van een buurtwinkel, het opnieuw bouwen van een pier, ...
Community Shares maakt gebruik van het *MicroGenius*[70]-platform.

België

In België zijn er enkele algemene crowdfundingplatformen zoals *CroFun*[71], *Socrowd*[72] en *Growfunding*[73], maar deze worden betrekkelijk weinig gebruikt. Ondanks een versnelling loopt België nog steeds achter op het vlak van crowdfunding[74].

Desalniettemin zijn er voorbeelden van succesvolle crowdfunding zoals *Ringland VZW* dat zo de benodigde 100 000 euro ophaalde[75] voor het financieren van drie studies i.v.m. de overkapping van de Antwerpse ring.

Alternatieven

Een alternatieve vorm om financiële steun te verwerven is het automatisch doorstorten door een (web)winkel van een percentage op het totale aankoopbedrag naar een goed doel. Voorbeelden zijn *Amazon Smile*[76] dat 0,5% van het totaalbedrag doorstort naar een goed doel dat de koper uit een lijst kan selecteren. *We Care*[77] is een platform waar webwinkels zich op kunnen aansluiten en waarbij 4% van het totaalbedrag naar een door de koper geselecteerd goed doel gaat.

---

[69] http://communityshares.org.uk - Laatste toegang 12 maart 2015
[70] http://www.microgenius.org.uk - Laatste toegang 12 maart 2015
[71] http://www.crofun.be - Laatste toegang 12 maart 2015
[72] http://socrowd.be - Laatste toegang 12 maart 2015
[73] https://www.growfunding.be - Laatste toegang 12 maart 2015
[74] Douw&Koren. Crowdfunding in België 2014. 11 maart 2015. http://www.douwenkoren.nl/crowdfunding-in-belgie-2014/ - Laatste toegang 12 maart 2015
[75] http://www.ringland.be - Laatste toegang 12 maart 2015
[76] https://smile.amazon.com - Laatste toegang 12 maart 2015
[77] http://we-care.com - Laatste toegang 12 maart 2015

3.1.2. Crowdsourcing

Crowdsourcing is het broertje van crowdfunding. Daar waar bij crowdfunding individuen (of organisaties) op vrijwillige basis een project rechtstreeks kunnen steunen, kunnen individuen (professionals of burgers) bij crowdsourcing op vrijwillige basis actief meewerken aan een project. "*Vele handen maken licht werk*" is een goede uitdrukking van de achterliggende filosofie. Een groot en moeilijk probleem wordt opgesplitst in vele kleinere, eenvoudigere elementen, die vervolgens door burgers opgelost worden. Is er geen realistische piste gebruikmakend van automatisering? Probeer dan te distribueren onder veel individuen.

Is er geen realistische piste gebruikmakend van automatisering? Probeer dan te distribueren onder veel individuen.

We onderscheiden vier vormen van crowdsourcing: *wisdom of the crowds* (kennis), *distributed computing projects* (computerkracht), *citizen science* (creativiteit, intelligentie en/of collectie van gedistribueerde gegevens) en *project realisation* (praktische uitvoering). Deze vier worden nu besproken.

- James Surowiecki lanceerde in 2004 de term *Wisdom of the Crowds*[78] in zijn gelijknamige boek. Zijn stelling is dat een groep amateurs in bepaalde gevallen meer weet dan een kleine groep deskundigen. Burgers creëren bijvoorbeeld zelf publiekelijk beschikbare informatie op *Wikipedia*[79]. Gecentraliseerd beheerde encyclopedieën zoals Encarta bleken simpelweg geen partij voor het gedistribueerde Wikipedia[80].

- In *distributed computing projects*[81] kunnen burgers rekenkracht ter beschikking stellen voor projecten die enorm veel rekenkracht vergen, maar waarbij de berekeningen gelukkig te distribueren zijn. De deelnemers stellen hun overtollige CPU kracht ter beschikking van een dergelijk project. *SETI@home*[82] is hier allicht het meest gekende (legendarische) voorbeeld. *BOINC*[83] is bestaande "open source"-software die kan gebruikt worden voor distributed computing projects.

---

[78] http://en.wikipedia.org/wiki/The_Wisdom_of_Crowds - Laatste toegang 12 maart 2015
[79] http://www.wikipedia.org/ - Laatste toegang 11 maart 2015
[80] New York Times. Microsoft Encarta Dies After Long Battle With Wikipedia. 30 maart 2009. http://bits.blogs.nytimes.com/2009/03/30/microsoft-encarta-dies-after-long-battle-with-wikipedia/ - Laatste toegang 12 maart 2015
[81] http://en.wikipedia.org/wiki/List_of_distributed_computing_projects - Laatste toegang 12 maart 2015
[82] http://setiathome.ssl.berkeley.edu/ - Laatste toegang 12 maart 2015
[83] http://boinc.berkeley.edu/ - Laatste toegang 12 maart 2015

- Met *citizen science*[84] kunnen burgers helpen met het ontrafelen van wetenschappelijke problemen. Daarbij is vaak menselijke creativiteit en/of menselijke intelligentie vereist. Ofwel verzamelen vrijwilligers gedistribueerde informatie voor wetenschappelijke doeleinden.

  Een voorbeeld is *Foldit*[85], een computerspel waarbij eiwitstructuren zo efficiënt mogelijk moeten worden opgevouwen. Hoewel de meeste deelnemers in citizen science quasi onmiddellijk afhaken kan het toch zinvol blijven[86].

  Tomnod[87] is een ander "citizen science"-project. Satellietbeelden worden onderzocht door talrijke burgers om problemen op te lossen. *Tomnod* werd bijvoorbeeld ingezet bij de zoektocht naar de verdwenen vlucht MH370 van Malaysia Airlines[88].

  Andere reeds langer bestaande wetenschappelijke problemen waarbij burgers ingeschakeld worden, zijn vlinder- en vogeltellingen. In 2012 werden door vrijwilligers honderden regenstalen verzameld op plaatsen waar orkaan Sandy gepasseerd was om zo de storm beter te kunnen onderzoeken[89].

- Bij *project realisation* helpen burgers met de meer *praktische realisatie* van een project. Voorbeelden zijn het geven van advies, het meewerken aan een plan (bijvoorbeeld van een gebouw), het verdelen van brochures, grafische vormgeving, het leggen van elektriciteit, het plaatsen van een muur, het bakken van taart, …

  Samenwerken is natuurlijk al zo oud als de mensheid zelf, maar nieuw is wel dat dit nu ook online gebeurt of online georganiseerd wordt.

  Voor je Buurt in Nederland (zie vorige subsectie) is een mooi voorbeeld van een platform dat crowdfunding en crowdsourcing combineert. Eens het geld ingezameld is, kunnen vrijwilligers er meehelpen met de praktische realisatie van het project.

3.1.3. ePetitions

Vandaag de dag zijn er diverse - gratis te gebruiken - platformen voor online petities.

---

[84] http://en.wikipedia.org/wiki/Citizen_science - Laatste toegang 12 maart 2015

[85] http://fold.it/portal/ - Laatste toegang 12 maart 2015

[86] Ars Technica. Most participants in "citizen science" projects give up almost immediately. 6 januari 2015. arstechnica.com/science/2015/01/most-participants-in-citizen-science-projects-give-up-almost-immediately/ - Laatste toegang 12 maart 2015

[87] http://www.tomnod.com/ - Laatste toegang 11 maart 2015

[88] Quartz. Using crowdsourcing to search for flight MH 370 has both pluses and minuses. 15 maart 2014. http://qz.com/188270/using-crowdsourcing-to-search-for-flight-mh-370-has-both-pluses-and-minuses/ - Laatste toegang 11 maart 2015

[89] LiveScience. Hurricane Sandy's Rainfall Decoded Via CrowdSourcing. 11 maart 2011. http://www.livescience.com/44028-hurricane-sandy-rainfall-study-crowdsourced.html - Laatste toegang 11 maart 2015

Twee voorbeelden zijn *change.org*[90] en *avaaz*[91]. Change.org haalt zijn inkomsten uit reclame, terwijl *avaaz* via crowdfunding werkt. Iedereen kan dus doneren.

Een nadeel aan petities is het gebrek aan voorafgaandelijk debat. Men krijgt maar één visie te horen die zonder wederwoord overtuigend kan klinken. Een online petitie heeft vanuit democratisch perspectief tegenover een klassieke petitie het voordeel dat de mogelijke ondertekenaar niet onderhevig is aan sociale druk. De potentiële ondertekenaar kan dus eventueel de tijd nemen om zich te informeren via andere bronnen alvorens te tekenen. Zo hangen de resultaten minder af van de overtuigingskracht van de petitie of diegene die de handtekeningen verzamelt en van een buikgevoel (wat natuurlijk ook als nadeel gezien kan worden).

Aangezien de beslissing om een ePetitie te ondertekenen uitgesteld kan worden, leidt dit in de praktijk vaak tot afstel. Anderzijds kunnen via sociale media dergelijke petities razendsnel verspreid worden.

Sommige (vaak custom-build) ePetition-platformen laten toe dat de ondertekenaars achteraf gecontacteerd worden door de organisatoren[92].

Wat klassieke online petities niet doen, maar wat wel een toegevoegde waarde kan hebben, is dat ondertekenaars in staat zijn om hun handtekening te verwijderen, bijvoorbeeld wanneer ze na zich geïnformeerd te hebben inzien dat ze er toch niet helemaal achter staan. Deze functionaliteit wordt voorlopig niet geboden door ePetition-platformen, en is uiteraard minder wenselijk voor de organisatoren van de petitie.

Ten slotte kan de impact van petities in vraag gesteld worden gezien het vrijblijvende, niet-bindende karakter ervan[93] (zie figuur 6). Wel kan het nuttig zijn als eerste stap in een bredere campagne en kan het ondertekenen een eerste laagdrempelige actie zijn naar een verdere burgerparticipatie.

---

[90] http://www.change.org - Laatste toegang 12 maart 2015
[91] http://avaaz.org - Laatste toegang 12 maart 2015
[92] http://petitietegenverhoging.weebly.com/ - Laatste toegang 12 maart 2015
[93] The Guardian. E-petitions can be very effective, but don't put them in the hands of government. 24 februari 2014. http://www.theguardian.com/commentisfree/2014/feb/24/e-petitions-often-worse-than-useless - Laatste toegang 12 maart 2015

Max musste früh feststellen, dass die Macht von Online-Petitionen begrenzt ist.

Figuur 6: Cartoon uit het Duitse weekblad Der Spiegel Onderschrift: Max moest al snel vaststellen dat de kracht van online petities beperkt is. Max: Mijn online petitie tegen broccoli heeft al meer dan 100 000 handtekeningen Moeder: Dat kan mij geen barst schelen! Je eet wat er op tafel komt!

3.1.4. Burgerjournalistiek

Burgerjournalistiek[94] is een term die gebruikt wordt voor het verzamelen en publiceren van nieuws door gewone burgers (bottom-up) in tegenstelling tot professionele journalisten in staatsmedia of commerciële media (top-down).

Een aantal websites tracht deze burgerjournalistiek te verzamelen en te structureren. Een voorbeeld is *De Wereld Morgen*[95] voor Vlaanderen, waar iedereen zijn artikels kan publiceren op zijn eigen blog die geïntegreerd is in de site. Een beperkt, vast team beslist welke artikels extra visibiliteit krijgen. *De Wereld Morgen* verzamelt haar financiële middelen d.m.v. crowdfunding. Een internationalere nieuwswebsite gebaseerd op burgerjournalistiek is *Indymedia*[96].

Burgerjournalistiek ligt vaak onder vuur vanwege problemen met kwaliteit, objectiviteit en aansprakelijkheid.

---

[94] http://nl.wikipedia.org/wiki/Burgerjournalistiek - Laatste toegang 12 maart 2015
[95] http://www.dewereldmorgen.be/ - Laatste toegang 12 maart 2015
[96] https://www.indymedia.org/ - Laatste toegang 12 maart 2015

3.1.5. Campagne- & communityplatformen

Content Management Systems (CMS)

Een campagnewebsite opzetten kan in principe vrij snel gebruikmakend van generieke CMS-platformen (zie sectie 3.5.1). Een campagnewebsite van een burgerinitiatief kan echter specifieke vereisten hebben. Een aantal bedrijven bieden een dergelijk gespecialiseerd en tegelijkertijd gebruiksvriendelijk CMS-platform aan.

De meest gekende is *WildApricot*[97] die de volgende functionaliteit aanbiedt:
1. Membership management
2. Event registration
3. Website builder
4. Online payments
5. Email en contact database

Een account op *WildApricot* kost $50 per maand. Op de site wordt verder een vergelijking gemaakt met concurrenten zoals *ClubRunner*.

Communityplatformen

Er bestaan diverse communityplatformen. Deze trachten verschillende individuen te verenigen en in actie te krijgen rond thema's met een voldoende ruim gemeenschappelijk draagvlak.

38 Degrees (UK)

38 Degrees[98] is een non-profitorganisatie in het Verenigd Koninkrijk die zichzelf omschrijft als een "multi-issue"-beweging die werd gesticht in 2009. Het heeft een bestuur, vrijwilligers en leden. Lid worden houdt niet meer in dan je inschrijven op hun mailinglist en *38 Degrees* claimt er ondertussen 2,5 miljoen (bijna 4% van de bevolking). *38 Degrees* leeft van donaties van leden en om hun onafhankelijkheid te behouden, nemen ze geen geld aan van overheden of grote bedrijven.

Elke week wordt aan 50 000 leden gevraagd hun topprioriteiten te geven. De resultaten worden gepubliceerd en indien er een voldoende breed draagvlak is, gaat 38 Degrees over tot het lanceren van een concrete campagne. Voorbeelden van campagnes zijn de

---

[97] http://www.wildapricot.com/ - Laatste toegang 12 maart 2015
[98] http://www.38degrees.org.uk/ - Laatste toegang 12 maart 2015

strijd tegen het vrijhandelsakkoord *TTIP*, een strijd tegen de verkoop van wouden en strijd tegen plannen voor een golfterrein waardoor mensen zouden uitgezet moeten worden.

Campagnes worden niet alleen online gevoerd via sociale media, blogs, email, ePetities, maar ook offline, zoals het telefonisch contacteren van parlementairen, het inwinnen van juridisch advies, het stimuleren van de leden om lokaal meetings te houden en pamfletten te verspreiden. Leden kunnen ook zelf ePetities lanceren.

Diverse parlementairen en andere politici formuleerden[99] kritieken op 38 Degrees, wat toch een indicatie is van haar impact als oppositienetwerk.

Meetup

Meetup[100] is een online sociaal-netwerkplatform gestart in 2002 dat er specifiek op gericht is om lokaal mensen bijeen te brengen rondom alle mogelijk offline activiteiten zoals sport, politiek, vrijwilligerswerk, kunst, films en muziek. Het claimt meer dan 13 miljoen leden over de hele wereld. *Google Trends leert*[101] ons dat het vooral in Angelsaksische landen populair is en een stijgende populariteit kent.

Elke gebruiker heeft een profiel met daarop zijn locatie (stad of gemeente), zijn interesses (gestructureerd), taal, andere persoonlijke zaken en privacy settings. Een gebruiker krijgt een overzicht van mogelijke interessante activiteiten in zijn buurt te zien en kan aangeven of hij erop aanwezig zal zijn of niet. Een gebruiker kan lid worden van een groep die bepaalde interesses deelt (bijv. filosofie in Brussel) en zaken organiseert.

Meetup haalt zijn inkomsten uit het aanrekenen van een bedrag aan diegenen die activiteiten aanmaken (momenteel $12 tot $19 per maand).

---

[99] http://en.wikipedia.org/wiki/38_Degrees#Criticism - Laatste toegang 12 maart 2015
[100] http://www.meetup.com/ - Laatste toegang 12 maart 2015
[101] http://www.google.be/trends/explore#q=meetup - Laatste toegang 10 maart 2015

Get Up! (Australië)

Get Up![102] gelijkt qua filosofie op *38 Degrees*. Het is een progressieve, onafhankelijke non-profitorganisatie die in 2005 gesticht werd en leeft van donaties van individuen. Ze claimt 600 000 leden (al is dit getal omstreden). Leden kunnen campagnes voorstellen en kunnen specifieke campagnes financieel steunen.

Get Up! identificeert wat voor haar leden belangrijk is en start vervolgens een campagne, waarbij leden betrokken worden. Leden kunnen aangemoedigd worden om lokale evenementen te organiseren, posters te verspreiden, om politici te contacteren (per mail). Verder worden duurdere campagnetechnieken gebruikt zoals het publiceren van advertenties in tijdschriften en televisie.

3.1.6. Conclusie

Burgers kunnen van diverse online diensten gebruikmaken die zich specifiek richten op burgerparticipatie. Deze bieden de mogelijkheid om onder meer petities op te zetten, om aan crowdfunding en crowdsourcing te doen en om campagnewebsites op te zetten.

Daarnaast zijn er een aantal communityplatformen, die de burger de mogelijkheid bieden om mee artikels te schrijven, mee te beslissen welke campagnes er collectief gevoerd worden en om er vervolgens op diverse manieren mee in te participeren, zowel online als in de echte wereld. Deze campagnes worden door een beperkte, vaste groep geleid en de mogelijkheid om in contact te treden met de andere leden van de community is niet altijd mogelijk. Een uitzondering op dit laatste is *Meetup*, dat specifiek mensen in de echte wereld wil samenbrengen rond bepaalde activiteiten.

De bovenstaande diensten zijn soms betalend, en elke dienst heeft wat zijn eigen benadering.

[102] https://www.getup.org.au - Laatste toegang 12 maart 2015

3.2. Generieke diensten

In de vorige sectie werd een aantal clouddiensten besproken die zich specifiek richten op burgerinitiatieven. Maar daarnaast kunnen burgerinitiatieven ook gebruikmaken van meer generieke clouddiensten, die ook in tal van andere situaties nuttig kunnen zijn. We bespreken deze initiatieven in deze sectie. We onderscheiden generieke tools voor sociale netwerking, voor communicatie, voor vorming, voor organisatie en voor eCommerce.

3.2.1. Sociale Media

Sociale media vormen een essentieel onderdeel. *Facebook*[103] is momenteel de de facto referentie in de publieke cloud, maar er bestaan "open source"-projecten zoals *Anahita*[104] en *Elgg*[105] die on-premise geïnstalleerd kunnen worden. Verder zijn er ook onder meer *Twitter, LinkedIn, Flickr, Instagram, Pinterest* and *Snapchat*.

Er zijn clouddiensten die zich toeleggen op social media marketing. Een voorbeeld is *Sprout Social*[106].

3.2.2. Communicatie

Voice over IP (VoIP)

Bij IP-telefonie, Voice over IP of VoIP wordt het internet of een ander IP-netwerk gebruikt om spraak te transporteren. Hierdoor wordt telefonie mogelijk op datanetwerken en ontstaat de mogelijkheid om de voorheen traditioneel gescheiden werelden van spraak en data samen te voegen

De meest gekende dienst is *Skype*[107] en is gratis zolang je niet naar een klassiek telefoonnummer telefoneert.

---

[103] https://www.facebook.com - Laatste toegang 12 maart 2015
[104] http://www.getanahita.com/ - Laatste toegang 12 maart 2015
[105] http://elgg.org/ - Laatste toegang 12 maart 2015
[106] http://sproutsocial.com/ - Laatste toegang 12 maart 2015
[107] https://www.skype.com - Laatste toegang 12 maart 2015

3.2.3. Mailing lists

Via diensten zoals *MailChimp*[108] kunnen eenvoudig professioneel ogende nieuwsbrieven verstuurd worden naar geselecteerde groepen. De beheerder kan o.a. opvolgen hoe vaak de nieuwsbrief gelezen wordt. Daarnaast kunnen rechten, zoals het opstellen van nieuwsbrieven, gedelegeerd worden naar anderen.

Zo kunnen groepen communiceren met de iets minder actieve wijkbewoners of aan marketing doen. De overheid zou mailinglists kunnen aanbieden zodat de initiatiefnemers makkelijk - mits de nodige moderatie - bepaalde groepen kunnen bereiken. MailChimp is gratis voor een beperkt aantal mailadressen.

3.2.4. Online tickets

Diensten zoals *EventBrite*[109] laten toe een evenement te creëren en te verspreiden via onder meer sociale media. Mensen kunnen vervolgens zich online inschrijven. EventBrite is gratis.

Mediapublicatie

Via diverse clouddiensten is het mogelijk media te publiceren , waarbij vaak ook de auteursrechten ingesteld kunnen worden en waarbij het embedden van de media in externe sites zeer eenvoudig gemaakt wordt.

Via *YouTube*[110] kunnen video's gepubliceerd worden, via *SlideShare*[111] kunnen documenten en presentaties gedeeld worden. Met behulp van social casting zoals

---

[108] https://www.mailchimp.com - Laatste toegang 12 maart 2015
[109] https://www.eventbrite.com - Laatste toegang 12 maart 2015
[110] https://www.youtube.com - Laatste toegang 12 maart 2015
[111] http://www.slideshare.com - Laatste toegang 12 maart 2015

Ustream[112] kunnen video-uitzendingen (van bijv. meetings, debatten, ...) live gebroadcast worden. Natuurlijk kunnen via content managmenent systems zoals *WordPress*[113] artikels gepubliceerd worden.

Fysiek afdrukken

Er zijn diverse commerciële bedrijven actief die toegestuurde digitale documenten of afbeeldingen afdrukken in boekvorm, als affiche, pamflet, sticker en het resultaat per post naar het opgegeven adres opsturen. Ook is het mogelijk om op een gelijkaardige manier afbeeldingen af te printen op producten zoals schoudertassen, koffietassen, pennen, etc.

Printing on Demand[114] soms afgekort tot POD is een proces binnen de grafische industrie waarbij boeken pas worden gedrukt wanneer daar voldoende vraag naar is.

Diensten voor fysiek afdrukken kunnen bijzonder handig zijn bij het voeren van een campagne die niet enkel online gevoerd wordt.

3.2.5. Vorming

Bij de tools en diensten voor vorming maken we een onderscheid tussen enerzijds elektronische leeromgevingen en anderzijds Massive Open Online Courses.

Elektronische leeromgeving

E-learning (Elektronische leeromgeving) wordt geassocieerd met leeractiviteiten waarbij je interactief gebruikmaakt van een computer die verbonden is met een computernetwerk. Elektronische leeromgevingen worden doorgaans gebruikt ter ondersteuning van opleidingen in de klassieke zin van het woord. Een voorbeeld van e-Learning software is de "open source"-applicatie *Dokeos*[115]. De PRO-versie is weliswaar betalend.

---

[112] http://www.ustream.tv - Laatste toegang 12 maart 2015
[113] https://nl.wordpress.com - Laatste toegang 12 maart 2015
[114] http://nl.wikipedia.org/wiki/Printing_on_demand - Laatste toegang 12 maart 2015
[115] http://www.dokeos.com - Laatste toegang 12 maart 2015

Dokeos

De overheid of eventueel de burgerinitiatieven zelf zouden opleidingen kunnen inrichten. De eerste groep zou zich eerder kunnen richten op de initiatiefnemers van burgerinitiatieven, de tweede zou zich op de (mogelijke) deelnemers aan burgerinitiatieven kunnen richten. Gebruikmakend van een elektronische leeromgeving kan ondersteuning geleverd worden bij deze opleidingen, waarbij de organisator zelf de inhoud van de opleidingen bepaalt.

Massive Open Online Course

Recenter is de ontwikkeling van MOOC's (Massive Open Online Course), wat een cursus is, ingericht op massale deelname, waarbij het cursusmateriaal wordt verspreid over het web en de deelnemers. Deze laatsten zijn dus niet aan een locatie gebonden. Naast traditionele studiematerialen, zoals tekst, video's en cases biedt deze vorm van onderwijs ook de mogelijkheid tot digitale interactie tussen studenten, docenten en assistenten, door middel van discussieplatforms[116]. Bekende MOOC-platformen zijn *Coursera*[117] en *EDX*[118]. In Europa is de uptake echter nog veel lager dan in de VS, hoewel er de laatste maanden wel sprake is van een inhaalbeweging[119]. De cursussen zijn doorgaans in het Engels.

Het is niet de taak van de overheid om zelf MOOC's aan te bieden, maar enkele MOOC's kunnen allicht handig zijn voor burgers die willen participeren in burgerinitiatieven en die bijvoorbeeld hun organisatie- of boekhoudskills willen verbeteren.

---

[116] http://nl.wikipedia.org/wiki/Massive_open_online_course - Laatste toegang 12 maart 2015
[117] https://www.coursera.org - Laatste toegang 12 maart 2015
[118] https://www.edx.org - Laatste toegang 12 maart 2015
[119] http://openeducationeuropa.eu/nl/european_scoreboard_moocs - Laatste toegang 12 maart 2015

3.2.6. Organisatie

De organisatie van een burgerinitiatief zoals een buurthuis kan een breed pallet aan taken omvatten. Meerdere personen moeten in staat zijn documenten te editeren of op zijn minst te bekijken, om bestanden uit te wisselen (bijvoorbeeld een voorstel tot brochure), taken dienen verdeeld te worden, afspraken gemaakt te worden, ...

Collaborative editor

Een *Collaboratieve editor*[120] laat meerdere personen toe om vanaf meerdere computers eenzelfde bestand te editeren. Wanneer er tegelijkertijd samengewerkt kan worden, spreken we over *real time collaborative editing*. Collaborative editing kan m.b.v. een web client of m.b.v. een fat client.

De gekendere diensten die real time collaborative editing toelaten zijn *GoogleDocs*[121] en *Microsoft SharePoint*[122]. In andere producten zoals *ownCloud*[123] wordt eveneens real time collaborative editing ondersteund en ook GitHub wordt meer en meer gebruikt om niet enkel samen code te schrijven, maar ook onder meer recepten, partituren en boeken[124].

File synchronisation

File synchonisation[125], ook wel file sync & share genoemd, laat toe dat dezelfde bestanden op meerder locaties (computers) te vinden zijn, waarbij updates op een locatie doorgevoerd worden naar de andere locaties om de verschillende kopies consistent te houden.

Bekende "file synchronisation"-systemen in de public cloud zijn Dropbox[126], Box[127],

---

[120] http://en.wikipedia.org/wiki/Collaborative_real-time_editor - Laatste toegang 12 maart 2015
[121] http://docs.google.com - Laatste toegang 12 maart 2015
[122] http://sharepoint.microsoft.com - Laatste toegang 12 maart 2015
[123] http://owncloud.org - Laatste toegang 12 maart 2015
[124] JavaWorld. GitHub for the rest of us. 24 februari 2015. http://www.javaworld.com/article/2888181/open-source-tools/github-for-the-rest-of-us.html - Laatste toegang 12 maart 2015
[125] http://en.wikipedia.org/wiki/File_synchronization - Laatste toegang 12 maart 2015
[126] https://www.dropbox.com - Laatste toegang 12 maart 2015
[127] http://box.com - Laatste toegang 12 maart 2015

OneDrive[128]. Daarnaast zijn er diverse oplossingen die on-premise geïnstalleerd kunnen worden. De meest bekende "open source"-oplossing is ownCloud[129].

Eenvoudige tools

Er zijn talloze collaboration platformen beschikbaar. Dat deze tools niet steeds erg complex hoeven te zijn, toont bijvoorbeeld WorkFlowy[130], een gratis tool om op een hiërarchische manier werk te structureren. Delen van de hiërarchie kunnen met anderen gedeeld worden via een unieke link zodat deze de laatste versie kunnen zien en/of editeren. Andere eenvoudige tools zijn wiki's en doodles.

Kantoorsoftware

De klassieke software voor onder meer spreadsheets, tekstbestanden en presentaties vinden we in *Microsoft Office, OpenOffice, LibreOffice, Pages, Numbers* en *Keynote*. Ook zijn er heel wat apps beschikbaar zoals *OfficeSuite, Kingsoft Office, Microsoft Excel, Word* en *PowerPoint* om de documenten te visualiseren en te editeren. Bekende clouddiensten zijn *Google Docs*[131] en *Microsoft Office 365*[132]. Daarnaast wint ook *Prezi*[133] aan populariteit.

Grafische vormgeving

Een eenvoudig pamflet of brochure wordt doorgaans gemaakt met behulp van kantoorsoftware. Voor grafisch aantrekkelijkere ontwerpen kan gebruikgemaakt worden van lokale software zoals het "open source"-pakket *The Gimp*[134] of er kan gebruiktgemaakt worden van de betalende clouddienst *Creative Cloud*[135] van Adobe.

Geïntegreerde paketten

Er bestaan diverse collaboration-paketten die een totaaloplossing willen bieden. Het bekendste voorbeeld is *Microsoft SharePoint*[136] dat zowel in de public cloud als on-premise geïnstalleerd kan worden. Het bekendste "open source collaboration"-pakket is Alfresco[137].

---

[128] https://onedrive.live.com - Laatste toegang 12 maart 2015
[129] http://owncloud.org - Laatste toegang 12 maart 2015
[130] http://workflowy.com - Laatste toegang 12 maart 2015
[131] http://www.google.com/docs - Laatste toegang 12 maart 2015
[132] http://www.office365.com - Laatste toegang 12 maart 2015
[133] http://prezi.com - Laatste toegang 12 maart 2015
[134] http://www.gimp.org - Laatste toegang 12 maart 2015
[135] https://creative.adobe.com - Laatste toegang 12 maart 2015
[136] http://office.microsoft.com/nl-be/sharepoint - Laatste toegang 12 maart 2015
[137] http://www.athento.com/en/alfresco-enterprise-platform/ - Laatste toegang 12 maart 2015

Google biedt een aantal van haar diensten aan voordeligere tarieven aan non-profitorganisaties[138]: Google Wallet, Google Docs, Google Forms, Google Sites, Google Analytics, YouTube, Google Earth, Google Plus en Google AdWords.

3.2.7. eCommerce

Electronic commerce (ook wel e-commerce, e-business of elektronische bedrijfsvoering genoemd) is de verzamelnaam van alle manieren waarop via computernetwerken (bijvoorbeeld het internet of een extranet) handel bedreven kan worden.[139]

Er zijn diverse[140] "open source"-pakketten beschikbaar, waaronder *openCart* en *PrestaShop*. Ook bestaan er uitbreidingen voor bestaande CMS-systemen zoals WP *eCommerce*[141] voor *WordPress*. Daarnaast zijn er clouddiensten die je toelaten je eigen eCommerce-platform op te zetten zoals *Freewebstore*[142].

Meer en meer organiseren burgers de mogelijkheid om zaken te ruilen, gratis te lenen of weg te geven[143] [144]. En uiteraard ontstaan er ook apps, zoals *peerby*[145], die hierbij helpen. Ook zijn er in binnen- en vooral buitenlandse initiatieven om markten te organiseren waarbij niet gewerkt wordt met intermediaire distributeurs. Of misschien wil een burgerinitiatief wel een online winkel opzetten ter financiering van hun project. In al deze gevallen kan eCommerce gebruikt worden.

3.2.8. Conclusie

Er zijn heel wat generieke tools en diensten beschikbaar die nuttig kunnen zijn in het kader van burgerinitiatieven. Bijna dagelijks komen er bij, maar nu en dan zal er ook wel iets verdwijnen.

---

[138] http://www.google.com/nonprofits/ - Laatste toegang 12 maart 2015
[139] http://nl.wikipedia.org/wiki/Electronic_commerce - Laatste toegang 12 maart 2015
[140] PracticalEcommerce. 11 Open Source Ecommerce Platforms. 29 september 2014. http://www.practicalecommerce.com/articles/73649-11-Open-Source-Ecommerce-Platforms - Laatste toegang 12 maart 2015
[141] https://wordpress.org/plugins/wp-e-commerce/ - Laatste toegang 12 maart 2015
[142] https://freewebstore.com - Laatste toegang 12 maart 2015
[143] http://www.leuvendorp.be - Laatste toegang 8 maart 2015
[144] https://www.freecycle.org - Laatste toegang 12 maart 2015
[145] https://www.peerby.com - Laatste toegang 12 maart 2015

In deze sectie hebben we getracht de voornaamste op te lijsten en groepeerden we deze in tools voor sociale netwerking, communicatie, vorming, organisatie en eCommerce.

De vraag die we ons verderop in dit document zullen stellen (cfr. hoofdstuk 4) is hoe een gelijkaardige functionaliteit aangeboden kan worden op een uniform IT-platform.

3.3. Scenario's

In deze sectie wordt a.d.h.v. een tweetal scenario's toegelicht hoe de clouddiensten uit de twee voorgaande secties gebruikt kunnen worden door burgerinitiatieven.

3.3.1. Wijkwerking

Scenario

Enkele wijkbewoners besluiten het heft in eigen handen te nemen en starten een wijkcomité. Ze slagen erin een wijkwerking op poten te zetten, met een centraal gelegen gebouw als wijkcentrum. In dit wijkcentrum worden allerlei activiteiten georganiseerd ter bevordering van de sociale cohesie. De vrijwilligers organiseren ook activiteiten om de levenskwaliteit in de wijk te verhogen, bijvoorbeeld een actie om de lelijke graffiti te verwijderen ter verfraaiing van de wijk. Communicatie met de andere wijkbewoners wordt ter harte genomen.

Realisatie

Gebruikmakend van onder meer clouddiensten, maar vooral door veel vrije tijd samen te werken, slagen een groep wijkbewoners erin een stevig plan voor een wijkwerking uit te werken (organisatie).

Via een petitie, zowel op de klassieke manier als via *ePetitions* krijgt een groep wijkbewoners een voldoende sterk gewicht om naar de gemeentelijke overheid te stappen met hun plan. Deze geeft uiteindelijk groen licht alsook de nodige ondersteuning.

Met behulp van een *CMS (campagne platform)* wordt een website opgezet voor de wijkwerking. Gebruikmakend van *mailing lists* worden heel wat burgers elektronisch op de hoogte gehouden. Zowel op de website als op de pagina op de voornaamste *sociale media* kunnen wijkbewoners nieuws lezen, de kalender met activiteiten bekijken, een bericht achterlaten of meer discussiëren.

Er worden diverse activiteiten georganiseerd, filmvertoningen, discussieavonden en het voorzien van maaltijden. Vooral in dit laatste geval is het nodig op voorhand in te schrijven (*online tickets*). Ook wordt *er vorming* georganiseerd, bijvoorbeeld om beter overweg te kunnen met de nieuwste IT-ontwikkelingen.

Voor wat extra financiële ruimte worden wafelverkopen georganiseerd. Wafels bestellen kan onder meer online (*eCommerce*).

3.3.2. Steun bij ramp

Scenario

Na een ernstige aardbeving in het buitenland slaan drie organisaties, die elkaar reeds goed kenden, de handen in elkaar om een steuncampagne te organiseren. De drie organisaties zijn geografisch echter verspreid. Ze hebben echter nood aan financiële middelen en vrijwilligers voor een brede campagne.

Realisatie

Via een *CMS* wordt een campagneplatform opgezet. Daarop worden oproepen gelanceerd. Om op de hoogte te blijven kunnen geïnteresseerden zich inschrijven op de *mailing list* die door de CMS aangeboden wordt.

Het initiatief lanceert een *crowdfunding*-campagne om de nodige financiële middelen op te halen, en tegelijkertijd zoekt ze via *crowdsourcing* vrijwilligers die willen meehelpen met het voorbereiden van de hulppakketten.

Publiciteit gebeurt onder meer via *sociale media*, maar een deel van de ingezamelde middelen wordt gebruikt om pamfletten en affiches te drukken (*mediapublicatie*). Vrijwilligers gebruiken dit om in de wijken en op de markten campagne te voeren.

Via *burgerjournalistiek* worden op de campagnewebsites geregeld berichten geplaatst om zo de mensen op de hoogte te houden van hoe de campagne loopt. Gebruikmakend van clouddiensten voor *mediapublicatie* worden beelden van de hulpcampagne verspreid.

De organisatoren, die geografisch verspreid zijn, maken gebruik van allerlei clouddiensten voor de hele praktische *organisatie* zoals taakverdelingen, grafische vormgeving en boekhouding.

3.4. Mobile citizen engagement

De drie voorgaande secties van dit hoofdstuk gingen in op de bestaande clouddiensten die gebruikt kunnen worden door burgerinitiatieven. Het loont de moeite om nog even specifiek in te gaan op burgerparticipatie m.b.v. mobiele toestellen. Dit biedt mogelijkheden voor zowel burger- als overheidsinitiatieven. Er bestaan reeds diverse succesvolle apps voor mobiele burgerparticipatie. Deze sectie gaat in op de voornaamste achterliggende evoluties en geeft vervolgens een aantal voorbeelden.

3.4.1. Nieuwe evoluties

Burgerparticipatie gebruikmakend van ICT bestaat al een tijdje, zoals we eerder in dit hoofdstuk gezien hebben. Recenter is het mobiele aspect erbij gekomen. Dit werd mogelijk door een tandem van twee evoluties.

- De eerste evolutie is de hoge en nog steeds stijgende **penetratiegraad van mobiele toestellen**. Het "citizen science"-project *Foldit* (zie hoger) heeft bijvoorbeeld een app, die burgers toelaat in anders *verloren momenten* (wc, trein, …) op een plezante manier iets nuttigs te doen voor de wetenschap. Belangrijker is echter dat met smartphones burgers sneller en makkelijker dan ooit *geografisch verspreide informatie* kunnen verzamelen, bijvoorbeeld beschadigingen van de openbare weg. Wat voor enkele ambtenaren een onmogelijke taak is, is voor een grote groep coöperatieve burgers (gedistribueerd) een fluitje van een cent. Met behulp van zijn smartphone maakt de burger in enkele seconden een foto en stuurt deze samen met wat uitleg naar een gecentraliseerde locatie. De gps-coördinaten worden automatisch meegestuurd. Vaak is die informatie ook onmiddellijk beschikbaar voor de andere burgers.

- De tweede evolutie is de beschikbaarheid van herbruikbare digitale landkaarten zoals *OpenStreetMap*[146] en *Google Maps*[147]. Dit laat toe om data waarbij de geografische locatie van belang is overzichtelijker dan ooit weer te geven. In een oogopslag weet de burger zo bijvoorbeeld waar welke beschadigingen in het wegdek geconstateerd zijn, waar het meeste overstromingsgevaar is of waar de huizenprijzen het snelst gestegen zijn. Ook meer algemeen verbeteren de **visualisatietools**.

3.4.2. Voorbeelden

Via bovenstaande ontwikkelingen wordt het voor een burger dus makkelijker om zowel informatie aan te leveren als te consumeren. In de rest van deze sectie geven we een aantal voorbeelden van apps waarbij burgers informatie verzamelen voor elkaar of - indirecter - voor de overheid.

- **Onderhoud openbare weg**. Er zijn diverse apps ter beschikking die de burger toelaten om beschadigingen op de openbare weg te rapporteren. De burgers zelf krijgen typisch ook een overzicht hiervan te zien op een landkaart. Een voorbeeld is *FixMyStreet*[148] voor Brussel.
- **Burgers voor Burgers**. Burgers kunnen informatie verzamelen die wel nuttig is voor sommige medeburgers, maar in mindere mate voor de overheid. Ondanks de toegevoegde waarde voor burgers zijn overheden minder snel geneigd dergelijke apps te ontwikkelen. Voorbeelden zijn 1) *Liefdesbankjes*[149] waarmee romantische plekjes in Nederlandse parken, bossen en duinen gevonden kunnen worden, 2) *SpeeltuinVinder*[150] die je in Nederland helpt een speeltuin in de buurt te vinden, 3) *konnektid*[151] om mensen in je buurt te vinden die je een bepaalde vaardigheid willen aanleren zoals tuinieren en talen (gebruikt crowdfunding) en 4) Open *koopsommen*[152], dat via door burgers aangeleverde informatie meer transparantie op de (Nederlandse) woningmarkt wil creëren.
- Soms wordt informatie afkomstig van burgers gecombineerd met open data (zie verder) aangeleverd door overheden (en/of bedrijven). Voorbeelden zijn het Britse

---

[146] http://www.openstreetmap.org - Laatste toegang 12 maart 2015
[147] https://www.google.be/maps - Laatste toegang 12 maart 2015
[148] http://fixmystreet.org - Laatste toegang 12 maart 2015
[149] http://www.maplicity.com/index.php/apps/liefdesbankjes/ - Laatste toegang 12 maart 2015
[150] http://www.appsfornoordholland.nl/apps/speeltuinvinder - Laatste toegang 12 maart 2015
[151] https://www.konnektid.com - Laatste toegang 12 maart 2015
[152] http://openkoopsom.nl - Laatste toegang 12 maart 2015

Walkonomics[153], om na te gaan hoe begaanbaar straten zijn en *Nostalgeo*[154], waar oude postkaarten en foto's op gepost worden en vergeleken kunnen worden met Google Street View.

- **Voorstellen aan overheid**. Apps kunnen de burger toelaten om voorstellen te formuleren aan de overheid. Een voorbeeld is *Terreinidee*[155] voor de omgeving Breda, die de mogelijkheid bevat om ideeën te plaatsen voor braakliggende terreinen. Burgers kunnen via commentaren en likes reageren op elkaars voorstellen. Gezien het geografische aspect is een app hier wenselijker dan een klassieke applicatie.
- **Crowdfunding**. Apps kunnen gebruikt worden om op een originele manier aan crowdfunding te doen. Een voorbeeld is *Natuursponsor*[156], dat je toelaat een stukje natuur op een landkaart te selecteren en vervolgens te sponsoren. Je gesponsorde stukje natuur wordt zichtbaar voor andere gebruikers.

3.4.3. Conclusie

Wat we zien terugkomen is dat burgers participeren omdat er een win-win situatie is: de burger levert met een minimale inspanning informatie aan en wordt zo beter geholpen of gehoord.

Ook kan er een element van sociale status verbonden zijn aan het gebruik van de app: iedereen kan zien welk stukje natuur ik gesponsord heb, welke foto's ik geüpload heb, etc.

Ten derde, maar minder frequent, kan er zoals in het *Foldit*-project een element van *gamification*[157] zijn, waarbij dus spelprincipes toegepast worden in een niet-spelcontext.

3.5. Citizen developer

We bespraken in dit hoofdstuk reeds clouddiensten en mobiele technologieën. In deze laatste sectie bespreken we de hoe burgers zelf de ontwikkeling van website, traditionele applicaties, en mobiele apps in handen kunnen nemen.

---

[153] http://data.gov.uk/apps/walkonomics-how-walkable-your-street - Laatste toegang 12 maart 2015
[154] http://nostalgeo.com - Laatste toegang 12 maart 2015
[155] https://play.google.com/store/apps/details?id=nl.mad.terreinidee&hl=nl_BE - Laatste toegang 12 maart 2015
[156] http://www.maplicity.com/index.php/apps/natuursponsor/ - Laatste toegang 12 maart 2015
[157] http://nl.wikipedia.org/wiki/Gamificatie - Laatste toegang 12 maart 2015

Burgers zijn, zoals reeds vermeld, vaak creatiever en flexibeler dan overheden. Bovendien voelen ze vaak beter en sneller bepaalde behoeften bij de burgers aan. Het lijkt dan ook niet onlogisch om ook burgers de nodige ondersteuning te bieden opdat ze zelf websites, conventionele applicaties en - vooral - apps kunnen ontwikkelen.

3.5.1. Website

Wil een burger of een groep van burgers een website opzetten, dan kan dit via een **Content Management Systeem**, wat toelaat een softwaretoepassing, meestal een webapplicatie, te creëren zonder veel technische kennis[158]. Populaire klassieke CMS-systemen zijn: *WordPress*[159], *Joomla!*[160] en *Drupal*[161]. Tegenwoordig winnen ook hier de drag-and-drop CMS's zoals *Weebly*[162], *SquareSpace*[163], *wix.com*[164], *Jimdo*[165] en *Yola*[166] aan populariteit.

M.b.v. een CMS kan een burgerinitiatief snel een website opzetten en er berichten op publiceren. Indien nodig kan er geïntegreerd worden met externe diensten (bijv. *Twitter*, authenticatiesysteem van overheid, open data van overheid, digitale landkaarten, …). Dergelijke functionaliteit werd voorheen onder de noemer mashups geplaatst. Delen van de website kunnen enkel toegankelijk gemaakt worden voor bepaalde leden van het initiatief.

3.5.2. Klassieke ontwikkeling

In de klassieke aanpak schrijven burgers zelf hun code om tot een programma (niet per se een app) te komen. Voor de meesten was een dergelijke aanpak al te hoogdrempelig. Indien burgers toch beslisten om samen aan een project te werken, kon gebruikgemaakt worden van een lokale **ontwikkelomgeving** (*Eclipse*[167], *Microsoft Visual Studio*[168],…) en een source code repository.

---

[158] http://nl.wikipedia.org/wiki/Contentmanagementsysteem - Laatste toegang 12 maart 2015
[159] https://wordpress.org - Laatste toegang 12 maart 2015
[160] http://www.joomla.org - Laatste toegang 12 maart 2015
[161] https://www.drupal.org - Laatste toegang 12 maart 2015
[162] http://www.weebly.com - Laatste toegang 12 maart 2015
[163] http://www.squarespace.com - Laatste toegang 12 maart 2015
[164] http://www.wix.com - Laatste toegang 12 maart 2015
[165] http://be.jimdo.com - Laatste toegang 12 maart 2015
[166] https://www.yola.com - Laatste toegang 12 maart 2015
[167] https://eclipse.org - Laatste toegang 12 maart 2015
[168] http://www.visualstudio.com - Laatste toegang 12 maart 2015

Dit laatste is een archief voor broncode en wordt vaak gebruikt bij "open source"-projecten. Naast het bijhouden van broncode bieden deze systemen doorgaans ook collaboratiemogelijkheden (forum, mailing lists, wiki, …) alsook ondersteuning bij het ontwikkelproces (bugtracking, code review, binary release, …). Enkele voorbeelden zijn *GitHub*[169], *Google Code*[170] en *SourceForge*[171].

3.5.3. Technologische evoluties

Dankzij drie evoluties - open data, open api en aPaaS - kunnen burgers vandaag sneller en makkelijker concrete applicaties en - vooral - apps bouwen.

- **Open Data**. Er is een toenemende beschikbaarheid van open data[172] wat een term is om vrij beschikbare informatie aan te duiden (zie ook een blog[173] en research note[174] van collega Isabelle Boydens). Diverse overheden bieden heel wat - niet-confidentiële - data publiekelijk aan in zowel een vorm die voor mensen gemakkelijk leesbaar is (bijv. grafieken en spreadsheets) als in formaten die voor computers gemakkelijk te interpreteren zijn (bijv. JSON en CSV). Op die manier krijgen de burgers en bedrijven toegang tot een massa gegevens.

  Een voorbeeld is *data.gov.uk*[175], waarop de Britse overheid een zeer uitgebreide set gegevens aanbiedt. Dit gaat van cijfers over zwaarlijvigheid tot grondprijzen en overheidsuitgaven. De gegevens worden gepubliceerd onder de *Open Government License*[176], wat wil zeggen dat de gegevens ook commercieel gebruikt mogen worden. Deze data kunnen aangeboden worden in diverse formaten waaronder CSV, XLS, HTML, PDF, XML en RDF.

  Ook andere overheden bieden op een gelijkaardige manier open data aan of werken er aan: *data.gov.be*[177], *data.overheid.nl*[178], …

- **Open API** is een term die gebruikt wordt om een set van technologieën aan te duiden die websites en andere diensten toelaten met elkaar te interageren. Daarbij

---

169 https://github.com - Laatste toegang 12 maart 2015
170 https://code.google.com - Laatste toegang 12 maart 2015
171 http://sourceforge.net - Laatste toegang 12 maart 2015
172 http://nl.wikipedia.org/wiki/Open_data - Laatste toegang 12 maart 2015
173 http://www.smalsresearch.be/open-data-et-egovernment-au-dela-des-idees-recues-quelques-bonnes-pratiques/
174 Smals. Research Note 33: Open Data et eGovernment. April 2014. http://www.smalsresearch.be/publications/document/?docid=113 - Laatste toegang 12 maart 2015
175 http://data.gov.uk- Laatste toegang 10 maart 2015
176 http://www.nationalarchives.gov.uk/doc/open-government-licence/version/2/ - Laatste toegang 12 maart 2015
177 http://data.gov.be - Laatste toegang 12 maart 2015
178 https://data.overheid.nl - Laatste toegang 12 maart 2015

wordt gebruikgemaakt van REST[179], SOAP[180], AJAX[181] en andere technologieën. Dit laat onder meer toe dat open data geconsulteerd en geïnterpreteerd kunnen worden door computersystemen.

Via open API's kunnen applicaties en apps niet alleen toegang krijgen tot allerlei gegevens, maar kan er ook geïntegreerd worden met diensten voor onder meer authenticatie, sociale netwerken, ... Er bestaan reeds verschillende overheidsinitiatieven hierrond[182, 183, 184, 185, 186].

De overheid kan zo generieke diensten aanbieden, zoals een authenticatiedienst (bijv. een identity provider[187]).

- **Application Platform as a Service** (**aPaaS**, zie ook een vorige blog[188] en research note[189] van collega Koen Vanderkimpen) laat de gebruiker toe een applicatie, app of dienst te creëren en uit te rollen, gebruikmakend van de in die PaaS dienst aangeboden tools en libraries. De aanbieder van de PaaS zorgt voor de nodige ondersteuning op vlak van netwerk, servers, opslag en andere diensten die nodig zijn om de applicatie of dienst te creëren[190]. aPaaS-platformen ondersteunen multi-tenancy en elastische, horizontale schaalbaarheid van applicaties. Dit alles verlaagt sterkt de drempel voor burgers.

Een belangrijk aspect van enkele nieuwere aPaas-platformen is dat de gebruiker niet meer (of in mindere mate) hoeft te programmeren (*code-based*) maar dat er een sterke focus is op *drag-and-drop*. Voorbeelden zijn *TrackVia*[191], *Mendix*[192], *Zoho Creator*[193], *OutSystems*[194] en *Salesforce1*[195]. Weliswaar zijn de drag-and-drop-systemen vandaag nog minder krachtig dan de traditionele "code based"-platformen.

Met behulp van connectors en add-ons die in het aPaaS-platform ter beschikking gesteld worden, kan snel geïntegreerd worden met externe clouddiensten zoals

[179] http://en.wikipedia.org/wiki/Representational_state_transfer - Laatste toegang 12 maart 2015
[180] http://en.wikipedia.org/wiki/SOAP - Laatste toegang 12 maart 2015
[181] http://en.wikipedia.org/wiki/Ajax_%28programming%29 - Laatste toegang 12 maart 2015
[182] http://ec.europa.eu/information_society/apps/projects/factsheet/index.cfm?project_ref=297188 - Laatste toegang 12 maart 2015
[183] http://open-data.europa.eu/en/data/ - Laatste toegang 12 maart 2015
[184] http://www.engagedata.eu - Laatste toegang 12 maart 2015
[185] http://publicdata.eu - Laatste toegang 12 maart 2015
[186] http://www.slideshare.net/thimothoeye/citadel-technical - Laatste toegang 12 maart 2015
[187] http://en.wikipedia.org/wiki/Identity_provider - Laatste toegang 12 maart 2015
[188] http://www.smalsresearch.be/productiviteitsverhoging-met-paas/ - Laatste toegang 12 maart 2015
[189] Smals. Research Note 31: Application Platform as a service. Maart 2014. http://www.smalsresearch.be/publications/document/?docid=100 - Laatste toegang 10 maart 2015
[190] NIST. The NIST Definition of Cloud Computing. September 2011. http://csrc.nist.gov/publications/nist-pubs/800-145/SP800-145.pdf - Laatste toegang 12 maart 2015
[191] http://www.trackvia.com - Laatste toegang 12 maart 2015
[192] http://www.mendix.com - Laatste toegang 12 maart 2015
[193] http://www.zoho.com/creator/ - Laatste toegang 12 maart 2015
[194] http://www.outsystems.com - Laatste toegang 12 maart 2015
[195] http://www.salesforce.com/eu/platform/overview/ - Laatste toegang 12 maart 2015

Google Maps, Google Analytics en Twitter.

De gegenereerde applicaties kunnen soms ook on-premise gedeployed worden, maar dit is zeker niet altijd het geval.

3.5.4. Initiatieven overheden

Overheden kunnen naast het aanbieden van open data, open API's en aPaaS-omgevingen bovendien bijkomende initiatieven nemen om de creatie van apps (en in mindere mate applicaties) door burgers te stimuleren. Typisch spreken we dan over het organiseren van wedstrijden en het aanbieden van catalogi.

- **Wedstrijden**. Overheden op diverse niveaus organiseren wedstrijden waarbij apps ontwikkeld moeten worden gebruikmakend van open data die door die overheid aangeboden wordt. Voorbeelden zijn *Apps for Antwerp*[196], *Apps for Ghent*[197], *Apps for Noord-Holland*[198] en *Apps for Europe*[199] (de structuur van de namen van deze wedstrijden is duidelijk.) De deelnemers kunnen zowel burgers als bedrijven zijn.
- **Catalogus**. Een aantal overheden biedt catalogi aan met door burgers en eventueel bedrijven ontwikkelde apps die gebruikmaken van de door die overheid aangeboden open data.
  Op het Britse *data.gov.uk*[200] worden zo op het moment van schrijven meer dan 350 apps en applicaties aangeboden. Ook Apps for Europe heeft een catalogus.

Zowel burgers als organisaties worden zo gestimuleerd om niet alleen apps te ontwikkelen, maar vaak ook om zelf data publiekelijk ter beschikking te stellen.

3.5.5. Voorbeelden

Op de wedstrijdsites en catalogi kunnen reeds heel wat voorbeelden van apps door burgers gevonden worden, waaronder bijvoorbeeld:

- **PopBike**[201] werd ontwikkeld door drie burgers en was de winnaar van Apps for Ghent. De app wil de fietser informeren over slechte wegen, luchtkwaliteit en verkeersdrukte m.b.v. open data. Daarnaast maakt het gebruik van een device dat

---

[196] http://www.weebly.com - Laatste toegang 12 maart 2015
[197] http://appsforghent.be - Laatste toegang 12 maart 2015
[198] http://www.appsfornoordholland.nl - Laatste toegang 12 maart 2015
[199] http://www.appsforeurope.eu - Laatste toegang 12 maart 2015
[200] http://data.gov.uk - Laatste toegang 12 maart 2015
[201] http://www.slideshare.net/concrete_creative/popbike-appsforghent - Laatste toegang 12 maart 2015

aan de fiets bevestigd wordt voor onder meer diefstalpreventie en delen van fietsen.

- **iKringLoop**[202] bevindt zich in de "Apps for Europe"-catalogus en is een initiatief van drie Nederlanders. In drie stappen kunnen gebruikers overtollige spullen en huisraad aanmelden, deze delen met geïnteresseerden en thuis laten ophalen. Zodra een gebruiker iets plaatst op de app krijgen kringloopwinkels in de buurt een melding. Zo kunnen zij nog sneller spullen ophalen bij u thuis.
- **BikeCityGuide**[203] was een winnaar van Apps for Europe. Het is een navigatie-app die toelaat automatisch een fietsvriendelijke route te berekenen van punt A naar punt B. Routes langs bezienswaardigheden e.d. zijn eveneens mogelijk, waarbij de app de nodige uitleg verschaft over de route en de bezienswaardigheden.

3.5.6. Uitdagingen

Bovenstaande klinkt natuurlijk allemaal wel mooi, maar toch zijn er een aantal uitdagingen aan verbonden.

- Er is een risico dat applicaties die door burgers ontwikkeld werden **niet steeds een even hoge kwaliteit** bezitten. Ook het feit dat er geen enkele commitment is vanuit de burger om de app te onderhouden is een risico. Dit is in het bijzonder het geval bij apps die in wedstrijdverband opgeleverd werden. De app moet ontwikkeld worden tegen een bepaalde deadline, de winnaar incasseert het prijzengeld en nadien verdwijnt de incentive om de app up-to-date te houden, uit te breiden, om meerdere en nieuwere platformen te ondersteunen, ... Bovendien zijn citizen developers niet steeds even goed op de hoogte van de juridische implicaties. Wanneer er ontwikkeld wordt om aan concrete noden te voldoen, eerder dan het winnen van een wedstrijd, is er al meer kans dat een klein team van gemotiveerde burgers over een langere termijn zal instaan voor het onderhoud.
- **Fouten en onnauwkeurigheden in open data.** De door de overheid aangeboden data kan verouderd, onvolledig of zelfs foutief zijn. Bovendien kan ze zeer heterogeen zijn. De formattering kan verschillen, de informatie in kolommen met dezelfde namen uit verschillende bronnen (databases) kan verschillende inhoud bevatten en omgekeerd kunnen kolommen met verschillende namen hetzelfde type informatie bevatten. Bovendien zijn de updatefrequenties vaak verschillend. Door **verkeerde combinatie** van open data uit verschillende bronnen kan men tot foute conclusies komen.

---

[202] http://www.ikringloop.com - Laatste toegang 12 maart 2015
[203] http://www.bikecityguide.org - Laatste toegang 12 maart 2015

Enkele pistes om met de bovenstaande uitdagingen om te gaan zijn:

- Idealiter wordt de code open source gemaakt zodat anderen kunnen meewerken aan het project. Zo vergroot de overlevingskans van het project over een lange termijn.
- Om de onnauwkeurigheid en onvolledigheid in open data te reduceren, kan een feedbackloop aangeboden worden, waarlangs de burger de mogelijkheid krijgt om fouten en tekortkomingen te melden. Dit vormt een nieuwe vorm van burgerparticipatie.
- Er zijn tools beschikbaar om data op te kuisen en te transformeren. *OpenRefine*[204] is een voorbeeld hiervan.
- Een duidelijke beschrijving van de verschillende velden bij open data is noodzakelijk om het risico tot verkeerd gebruik te reduceren, al is het een illusie te denken dat iedereen hier rekening mee zal houden. Wat is bijvoorbeeld het verschil tussen HICP[205] (Geharmoniseerde consumptieprijsindex) en CPI[206] (Consumptieprijzen) en waarom wordt best de eerste gebruikt bij vergelijkingen met andere Europese landen of regio's?
- In het algemeen zou advies en/of een reviewprocedure door een overheid of gespecialiseerd bedrijf reeds een aantal van de bovenstaande problemen kunnen coveren, al mag de procedure niet te zwaar worden. Bureaucratie is immers dodelijk voor spontane initiatieven.

3.5.7. Conclusie

Technologische evoluties openen dus nieuwe mogelijkheden voor overheden om in het kader van burgerparticipatie de ontwikkeling van conventionele applicaties en - vooral - mobiele apps te stimuleren.

Dankzij nieuwe evoluties wordt dergelijke ontwikkeling voor meer burgers toegankelijk. Zo kunnen burgers makkelijker dan voorheen een oplossing ontwikkelen voor kwesties die hen frustraties opleveren. Overheden nemen reeds initiatieven om dit te stimuleren. We hebben bijvoorbeeld gezien dat er diverse sets van open data aangeboden worden, gaande van stedelijk tot Europees niveau.

Toch zijn er een aantal uitdagingen: 1) er worden geen garanties geleverd bij apps die door burgers ontwikkeld werden en 2) de open data is niet steeds even accuraat.

[204] http://openrefine.org/ - Laatste toegang 10 maart 2015
[205] http://statbel.fgov.be/nl/statistieken/cijfers/economie/HICP/ - Laatste toegang 10 maart 2015
[206] http://statbel.fgov.be/nl/statistieken/cijfers/economie/consumptieprijzen/ - Laatste toegang 10 maart 2015

71

4. Conceptueel IT-platform voor burgerinitiatieven

Eerder zagen we dat er heel wat burgerinitiatieven zijn en dat deze typisch slechts beperkt gebruikmaken van IT. En dat terwijl er een woud aan clouddiensten bestaat die voor hen nuttig kunnen zijn. We stellen bovendien vast dat de moderne communicatiemiddelen nog onbenutte mogelijkheden bieden, enerzijds om de afstand tussen burger en overheid te verkleinen en anderzijds om burgers elkaar makkelijker te doen vinden. Dit hoofdstuk stelt een conceptueel IT-platform voor dat de drie geschetste afstanden wil verkleinen (burger-clouddiensten, burger-overheid en burger-burger) om zo burgerinitiatieven te stimuleren. Er wordt niet ingegaan op overheidsinitiatieven zoals eRulemaking, eVoting en eInterpellation.

Een dergelijk platform is niet enkel waardevol voor burgers, maar ook voor overheden. Het stelt overheden immers in staat om sneller behoeften bij de bevolking te detecteren en met die bevolking te communiceren, waardoor de overheid haar plannen beter en sneller kan afstellen op de noden van de burgers en de burgers zich beter gehoord voelen. Anderzijds kan het overheden helpen hun aanbod van stages, opleidingen en jobs efficiënter te communiceren naar en te laten invullen door haar burgers. Een dergelijk platform kan dus zorgen voor een betere communicatie tussen burger en overheid en kan een bijdrage leveren aan wat Marc Van Daele in zijn boek de "converserende overheid" noemt[207].

De basis voor het platform is een eigen sociaal netwerk dat aangepast is aan de context van burgerinitiatieven die ondersteund kunnen worden door overheden, bedrijven en andere burgers. Gezien de onmogelijkheid en onwenselijkheid om - naast het vereiste sociaal netwerk - de functionaliteit die reeds aangeboden wordt door gespecialiseerde clouddiensten zelf te ontwikkelen en te onderhouden wordt geopteerd voor maximale integratie met bestaande clouddiensten. Ook integratie met diensten aangeboden door de overheid, zoals een authenticatiemechanisme kan ondersteund worden. Idealiter is het platform dus een raamwerk dat integreert met zowel externe clouddiensten als met overheidsdiensten.

---

[207] De Wakkere Burger. De converserende overheid. 29 september 2014. http://www.dewakkereburger.be/index.php/de-wakkere-burger-blogt/terzake-magazine/230-de-converserende-overheid - Laatste toegang 12 maart 2015

Bij dit alles wordt maximaal rekening gehouden met de privacy van de burgers en wordt maximaal ingezet op vertrouwen in het platform door de burger.

Eerst worden in sectie 4.1 de vereisten geformuleerd, daarna wordt in sectie 4.2 ingegaan op de functionaliteit die door het platform aangeboden kan worden. In de daaropvolgende sectie wordt het gebruik van het platform a.d.h.v. de scenario's uit het vorige hoofdstuk geïllustreerd. In sectie 4.4 worden de voornaamste uitdagingen geformuleerd, waaronder integratie. Ten slotte volgen in sectie 4.5 de conclusies.

4.1. Vereisten

Idealiter organiseren de burgers zelf zaken. Daarbij zal ondersteuning vanuit onder meer de overheid onontbeerlijk zijn. Vandaar dat in deze sectie een onderscheid gemaakt wordt tussen de vereisten voor de pure zelforganisatie enerzijds en de vereisten voor ondersteuning anderzijds. Daarnaast worden een aantal niet-functionele vereisten opgelijst.

Uiteraard kunnen niet alle vereisten d.m.v. IT gerealiseerd worden, gezien de nood aan een inclusieve benadering. IT is slechts één van de middelen.

De in deze sectie geformuleerde eisen dienen als vertrekpunt voor ons IT-platform, dat in de hierop volgende secties besproken wordt.

4.1.1. Zelforganisatie

Profielen van burgers en burgerinitiatieven

Burgers moeten andere burgers en burgerinitiatieven kunnen vinden. Gestructureerde, doorzoekbare profielen van zowel burgerinitiatieven als burgers zijn dus vereist om:

- Na te gaan of er al een groep bestaat rond een specifieke kwestie (bijv. natuurbehoud in Brussel) en deze groep te contacteren.
- Eventuele geïnteresseerden te vinden die rond een specifiek initiatief zouden willen werken.

- Aan te geven als burger waar zijn interesses liggen en in welke initiatieven hij participeert of zou willen participeren zodat andere burgers hem/haar kunnen vinden.

Samenwerking hoeft zich niet per se binnen de landsgrenzen af te spelen. Het platform bevat dus best ook in de mate van het mogelijke een overzicht van buitenlandse burgerinitiatieven. Dit overzicht wordt idealiter door burgers zelf onderhouden.

Communicatie

Binnen een initiatief moeten burgers *met elkaar* kunnen communiceren. Onder meer volgende zaken kunnen wenselijk zijn:

- Algemene discussie rond bepaalde thema's.
- Overzicht van de activiteiten en notificaties.
- Artikels geschreven door deelnemers aan het initiatief.
- Korte berichten (bijv. zoekertjes), eventueel geprikt op een landkaart (bijv.: *"Mooie foto van ons plein bij zonsondergang"*).

Communicatie *met externen*, waaronder mogelijke geïnteresseerden, is eveneens veelal wenselijk. Het platform alsook de individuele initiatieven en activiteiten moeten voldoende zichtbaar zijn naar de buitenwereld om participatie te bevorderen.

Het platform ondersteunt idealiter rich media (mix van tekst, afbeeldingen, geluid, video, ...) en filters (bijv. "toon enkel recente berichten uit mijn buurt").

Organisatie

Voor de meer organisatorische taken zoals administratie van een buurthuis kan ondersteuning wenselijk zijn. Zo kunnen onder meer volgende noden leven:

- Delen en eventueel bewerken binnen een groep van documenten. Ook kan er een nood zijn om bestanden uit te wisselen binnen de groep. Deze groep is bovendien dynamisch: burgers komen en gaan in burgerinitiatieven en niet iedereen heeft dezelfde rechten, wat voldoende hoge flexibiliteit noodzakelijk maakt.
- Plannen van afspraken tussen verschillende burgers. Niet alles is het best via het internet te regelen en fysiek vergaderen kan dan wenselijker zijn.
- Ondersteuning voor het plannen, structureren en uitvoeren van taken bij de organisatie van initiatieven en activiteiten.

Mobile

De vereisten betreffende mobiele toestellen kunnen als volgt omschreven worden:

- Het platform moet ten volle toegankelijk zijn vanaf mobiele toestellen.

- Het platform moet een uitgebreide API hebben, zodat apps ermee kunnen integreren.
- Het platform dient het ontwikkelen van apps en applicaties door burgers te faciliteren.

Beslissingsvorming

Willen we het principe van de bottom-upbenadering doortrekken naar het platform waarop burgers een account hebben en tot één of meerdere initiatieven kunnen behoren, dan moeten op het platform een aantal taken die traditioneel top-down gedaan worden bottom-up aangepakt worden:

- Aanstellen en vervangen van verantwoordelijken zoals administrators voor de webstek, vertegenwoordigers die bijvoorbeeld in naam van het initiatief onderhandelen met overheidsinstanties of verantwoordelijken van bijvoorbeeld het buurthuis. Naast een aantal standaardrollen is het wenselijk dat groepen zelf rollen kunnen definiëren.
- Het beslissen hoe het initiatief zich verhoudt tot andere initiatieven (bijv. de groep van een appartementsblok besluit deel uit te maken van de bredere wijkgroep).
- Een groep beslist een nieuwe subgroep te creëren. De groep op het niveau van de wijk creëert bijvoorbeeld een tijdelijke subgroep die het mandaat heeft het wijkfeest te organiseren.

Idealiter is een beslissingsproces meer dan een stemronde, maar wordt het gekoppeld aan een - bij voorkeur fysiek - discussieproces dat typisch de betrokkenheid, het inzicht en de eensgezindheid vergroot. (De ervaring leert dat dit minder het geval is voor online discussies.)

4.1.2. Ondersteuning

Burgerinitiatieven kunnen door zowel burgers, bedrijven als overheden gesteund worden. Deze ondersteuning kan verschillende vormen aannemen en kan al dan niet gebeuren tegen een vergoeding.

Burgers en burgerinitiatieven moeten eenvoudig de ondersteuning die voor hen van toepassing is kunnen vinden en gebruiken.

Zowel overheden, bedrijven als burgers moeten eenvoudig hun ondersteuningsaanbod kenbaar kunnen maken, zonder dat daarbij in reclame vervallen wordt. Een zekere moderatie kan dus wenselijk zijn.

Aan overheden (en eventueel bedrijven) kan de mogelijkheid gegeven worden om na te gaan welke initiatieven gebruik zouden kunnen maken van de door hen aangeboden ondersteuning.

We onderscheiden de volgende vormen van ondersteuning.

Advies

Zowel burgers, andere burgerinitiatieven, ambtenaren als bedrijven kunnen nuttige ervaring en kennis aanbieden aan burgerinitiatieven. Dit kan onder meer gaan om juridische, organisatorische, procedurele en technische kennis. Om het zelforganisatiekarakter niet aan te tasten is het belangrijk dat de rol van externen (overheid + bedrijf) adviserend blijft en dit enkel op vraag van het burgerinitiatief. Enkele voorbeelden:

- Een politieagent zou op een bijeenkomst uitgenodigd kunnen worden om zijn expertise te delen met de groep. Een agent kan ook advies geven bij de organisatie van een meeting, betoging, openluchtbarbecue, ...
- Een ambtenaar kan advies geven bij de organisatie van een wijkfeest, zodat de buurtbewoners met alle wettelijke voorzieningen in orde zijn. Idealiter fungeert deze ambtenaar als overheids-SPOC (Single Point Of Contact) voor de groep.
- Een gemeentearbeider geeft uitleg over het gebruik van materiaal dat eigendom is van de gemeente maar dat door burgers geleend kan worden.
- Een burger die aan een burgerinitiatief elders meegewerkt heeft, komt zijn ervaringen delen met een gelijkaardig burgerinitiatief.
- Een bedrijf gespecialiseerd in consultancy rond burgerinitiatieven kan mee helpen richting geven aan een initiatief of kan helpen met het uitklaren van juridische, verzekerings- en financiële aspecten.

Informatie & vorming

Op diverse manieren kan informatie en vorming verschaft worden aan burgerinitiatieven.

- Relevante teksten kunnen gecentraliseerd en doorzoekbaar aangeboden worden. Zo kunnen bijvoorbeeld de relevante wetteksten en gemeentereglementen voor het organiseren van een lokale sportwedstrijd op een toegankelijke, leesbare manier aangeboden worden.
- Ook online studiemateriaal kan aangeboden worden. Bijv.: *"Hoe snel & succesvol een hulpcampagne opzetten"*, *"Hoe geld inzamelen voor een goed doel"*, *"Hoe zelf een professionele brochure creëren"*, *"Solidariteit organiseren: Tips & Tricks"* en *"Hoe een groepsdynamiek creëren"*.

- Opleidingen kunnen georganiseerd worden, die al dan niet een fysieke verplaatsing van de deelnemers vergen.
- Data kunnen aangeboden worden, zoals allerlei statistieken en informatie over scholen, de openbare weg, het weer en criminaliteit.

De hier vermelde zaken kunnen door zowel burgers, overheden als bedrijven georganiseerd worden.

Financiën

Initiatieven kunnen al dan niet volledig financieel ondersteund worden. Voorbeelden zijn het betalen van een (deel van) de huur van een buurthuis, sponsoring van activiteiten door bedrijven en het financieel ondersteunen door burgers van een project.

Infrastructuur

Burgerinitiatieven zullen niet steeds over de nodige infrastructuur beschikken om hun activiteiten te kunnen ontplooien.

- *Fysieke infrastructuur.* Het ter beschikking stellen van fysieke zaken zoals gebouwen, lokalen, publieke ruimte, keukens, drukmogelijkheden, computers, transportmogelijkheden, sanitair, materiaal om graffiti te verwijderen, om flyers te produceren, om ratten te vangen, etc. Dit kan zowel gaan om een gift als om een tijdelijke terbeschikkingstelling.
- *Virtuele infrastructuur* Het ter beschikking stellen van virtuele resources. Dit kan gaan van het aanbieden van webruimte, clouddiensten, ontwikkelomgevingen voor applicaties en apps, software, een platform om een campagnewebsite op te zetten, web hosting, …

Wetgeving

De gemeentelijke overheid moet in staat zijn de nodige vrijheid en garanties op wettelijk vlak te bieden.

- Vrijwilligers willen bijvoorbeeld niet persoonlijk aansprakelijk gesteld worden wanneer bijvoorbeeld de uitbating van een wijkcentrum, ondanks hun inspanningen, faalt.
- Burgers hebben doorgaans een hekel aan een panoplie aan regels. De overheid moet de regelgeving kunnen minimaliseren. De huidige wetgeving rond vzw's en feitelijke verenigingen kan bijvoorbeeld al een te hoge drempel vormen.

- Aan wijkbewoners kan voorrang gegeven worden om een gebouw uit te baten vooraleer het verkocht wordt door de gemeente aan de privésector.

Anderzijds kunnen overheden, bedrijven en burgers ook juridisch advies geven, al moeten deze natuurlijk wel de nodige competenties bezitten.

Publiciteit

Op diverse manieren kan er ondersteuning voor publiciteit geboden worden.

- Bedrijven kunnen via hun interne of externe media bepaalde initiatieven kenbaar maken.
- Publiciteit in traditionele media kan gesponsord worden (bijv. door burgers via crowdfunding).
- Burgers kunnen zich inschakelen bij het verspreiden van flyers op de vrijdagmarkt, het doen van mond-tot-mondreclame, het delen via sociale media, ...

Mankracht

Een overheid kan ambtenaren ter beschikken stellen, een burger een deel van zijn kostbare tijd en energie. Een fysieke verplaatsing zal daarbij niet steeds nodig zijn.
Voor de bouw van een nieuw jeugdcentrum kan bijvoorbeeld hulp gevraagd worden aan mensen met de nodige vaardigheden zoals timmeren, loodgieterij, etc.

Draagkracht

Een initiatief kan vragen aan burgers om zich bijvoorbeeld via een petitie uit te spreken voor of tegen een bepaalde kwestie, er kan aan de overheid gevraagd worden de kwestie te verdedigen, ...

4.1.3. Niet-functionele vereisten

Privacy

De gebruiker wil niet steeds dat zijn naam, interesses en initiatieven waar hij deel van uitmaakt of zou willen uitmaken voor de hele wereld zichtbaar zijn. Hij moet dus de mogelijkheid hebben zijn privacy-instellingen voldoende fijnkorrelig te beheren.

Vertrouwen

Vertrouwen in het platform is cruciaal bij de uptake en het gebruik. Niet elke burger heeft een grenzeloos vertrouwen in de overheid. Zie ook secties 4.4.1 en 4.4.2.

Authenticatie

Op een vlotte manier moet een burger attributen over zichzelf kunnen bewijzen, zoals de naam van de stad waarin hij woont, leeftijd, etc.

Gebruiksvriendelijkheid

Om een maximale gebruikservaring te bewerkstelligen moet de gebruiker slechts één keer inloggen op een voldoende laagdrempelige manier en krijgt hij idealiter één consistent overzichtelijk, minimalistisch geheel te zien. Dit dient zo goed mogelijk benaderd te worden.

Modulariteit

Het moet eenvoudig zijn voor een burger of een groep burgers om slechts één of enkele elementen van het IT-platform te gebruiken, terwijl ze voor andere zaken hun traditionele applicaties blijven gebruiken. Een geleidelijke transitie wordt zo mogelijk.

Multitenancy

Elke gebruiker heeft zijn eigen omgeving op het platform en heeft daarbij zijn eigen instellingen, data en beheer.

Integratie & migratie

Het is onmogelijk om alle functionaliteit in het platform direct aanwezig te hebben. Idealiter wordt daarom maximaal gebruiktgemaakt van bestaande cloudtoepassingen en andere online diensten en wordt enkel het strikte minimum door het platform zelf aangeboden. Wanneer nieuwe clouddiensten voldoende populair zijn, moeten ook deze vlot geïntegreerd kunnen worden. Verouderde diensten hoeven op termijn niet meer ondersteund te worden door het platform. Migratie tussen deze diensten moet mogelijk zijn.

Security

Zowel data in rust als data in transit moeten adequaat beveiligd zijn. Dit wil zeggen dat er voldoende sterke garanties moeten zijn wat betreft confidentialiteit, integriteit en beschikbaarheid (CIA).

4.2. Functionaliteit

Op basis van de in de vorige sectie besproken vereisten wordt in deze sectie op conceptueel niveau een IT-platform voorgesteld ter stimulering van burgerinitiatieven. Er wordt een onderscheid gemaakt tussen drie verschillende rollen: burgers, ambtenaren en werknemers (van bedrijven). Eenzelfde persoon kan in principe meerdere rollen tegelijkertijd bezitten.

De functionaliteit van het platform wordt voorgesteld a.d.h.v. drie verschillende use cases:

1. Een gebruiker (burger, ambtenaar, werknemer) heeft na het inloggen op het platform toegang tot de algemene functionaliteit.
2. Een gebruiker bezoekt een groep op het platform waar hij al dan niet lid van is.
3. Een gebruiker beheert een groep.

De onderstaande bespreking gaat in op de functionaliteit, maar doet geen uitspraken over de (visuele) weergave.

Zoals geïllustreerd in figuur 7 wordt er in het platform een onderscheid gemaakt tussen *componenten*, *objecten* en *functionaliteit*. Een component bevat de objecten en functionaliteit die logisch samen horen. Op een object kunnen bepaalde operaties uitgevoerd worden, wat de functionaliteit vormt. Verder zijn objecten en functionaliteit 1) *intern*, wanneer ze door het platform zelf aangeboden worden (lichtgrijs), 2) *extern*, wanneer het platform integreert met externe diensten om de objecten en functionaliteit aan te kunnen bieden (middengrijs), of 3) *gemengd*, wanneer er sprake is van een combinatie van intern en extern (donkergrijs).

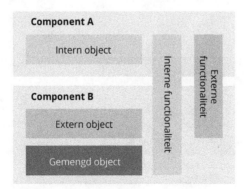

Figuur 7: Weergave van interne en externe componenten, objecten en functionaliteit.

Enkel wanneer functionaliteit niet intuïtief duidelijk is a.d.h.v. de beschrijving van de objecten wordt ze expliciet toegelicht. De functionaliteit om toegang te krijgen tot objecten is standaard aanwezig en wordt niet expliciet toegelicht.

4.2.1. Bezoeker platform

Eens de gebruiker (burger, ambtenaar of werknemer) ingelogd is - eventueel gebruikmakend van een externe authenticatiedienst -, krijgt deze de algemene functionaliteit te zien die weergegeven wordt in figuur 8. Er zijn vijf componenten: *Me*, *People*, *Groups*, *Information* en *Support*. Deze worden kort toegelicht.

Me. Een burger kan in zijn *profiel* persoonlijke informatie geven zoals leeftijd en woon- en werkplaats en kan er aangeven waar zijn interesses liggen (en dus in welke types initiatieven hij geïnteresseerd is). De burger heeft de mogelijkheid zijn *privacy* voldoende te beschermen en kan zijn algemene instellingen beheren (*settings*).

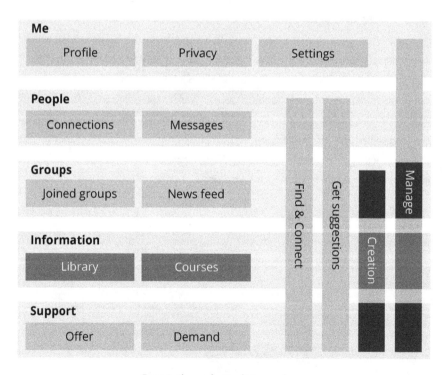

Figuur 8: Algemene functionaliteiten voor burgers

People. Een gebruiker kan geconnecteerd zijn met andere gebruikers (*Connections*). Zo kan een burger met zowel andere burgers, ambtenaren als werknemers geconnecteerd zijn. Gebruikers kunnen met elkaar privéberichten uitwisselen (*Messages*).

Groups. Een gebruiker kan lid zijn van groepen, waarop gebruikers met eenzelfde, gelijkaardige of complementaire interesse samen kunnen discussiëren en hun schouders zetten onder een gemeenschappelijk project, activiteiten kunnen organiseren, ... Een gebruiker heeft een set van groepen waar hij deel van uitmaakt (*Joined groups*) en krijgt de berichten van de verschillende groepen te zien (*News feed*).

De creatie en het beheer van groepen bevindt zich standaard volledig op het platform, maar de mogelijkheid kan geboden worden om te integreren met andere sociale netwerken zodat daar een spiegelgroep gecreëerd wordt. De groep wordt in dat geval zo goed als mogelijk zichtbaar gemaakt op een ander sociaal netwerk.

Information. Een gebruiker kan zich informeren door gebruik te maken van ofwel de bibliotheek (*Library*) ofwel van opleidingen die aangeboden worden (*Courses*). De bibliotheek bevat allerlei documenten zoals wetteksten in PDF, presentaties en video's.

Deze informatie wordt niet bewaard op het platform zelf maar door clouddiensten (bijv. *YouTube* en *SlideShare*). Ook titels, tags en beschrijvingen bevinden zich in eerste instantie op deze clouddiensten (maar kunnen door het platform gekopieerd worden indien nodig). Ook zijn links mogelijk naar externe webpagina's met nuttige info. Zo wordt vermeden dat bijvoorbeeld vzw's niet enkel de info op hun eigen website moeten geactualiseerd houden, maar ook op het platform. In dit laatste geval zullen titels, tags en beschrijving door het platform zelf bijgehouden moeten worden.

Voor opleidingen kan gebruikgemaakt worden van externe elektronische leeromgevingen, alsook van MOOC's (zie subsectie 3.2.5).

Support. Een gebruiker kan aangeven welke ondersteuning (zie vorige sectie) hij kan aanbieden voor welke types initiatieven (*Offer*). Zo kan een burger aangeven dat hij bereid is actief mee te werken aan een jeugdwerking in Koksijde. Een gemeenteambtenaar kan aangeven dat er sponsoring beschikbaar is voor bepaalde types projecten. Een burger kan anderzijds met een nood zitten voor ondersteuning (*Demand*). Misschien heeft hij graag praktische hulp bij het opstarten van een vzw of zoekt hij iemand die hem kan helpen bij het leren van een vreemde taal.

4.2.2. Bezoeker groep

Gemakshalve maken we geen onderscheid tussen een bezoeker die reeds lid is van een groep en diegenen die dit niet zijn.

De mogelijkheden van een bezoeker aan een groep (al dan niet lid) worden weergegeven in figuur 9.

This group. Elke groep op het platform heeft een profiel waar een beschrijving gevonden kan worden (*Profile*). Daarnaast kan een overzicht van de groepsleden gegeven worden (*Members*), alsook van de andere groepen waarmee deze groep een band heeft (*Partner Groups*). Zo kunnen bijvoorbeeld verschillende wijkwerkingen in Gent met elkaar samenwerken. Ten slotte kan er optioneel informatie gegeven worden over de democratische organisatie van de groep (*Parliament*, zie 4.2.3 - Beheer groep).

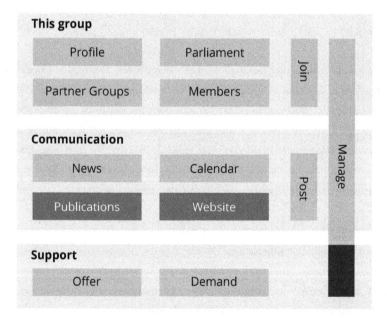

Figuur 9: Functionaliteiten van bezoekers van een groep

Communication. De groep kan nieuws publiceren (*News*), kan activiteiten organiseren en aankondigen (*Calendar*), kan verder documenten, video's, etc. publiceren (*Publications*) en kan een website aanbieden. Voor de website en de publicaties wordt gebruikgemaakt van externe diensten (bijv. WordPress).

De gebruiker kan de mogelijkheid hebben een bericht achter te laten (*Post*). De manage-functionaliteit betekent hier dat een gebruiker kan aangeven hoe hij op de hoogte gehouden wil worden (bijv. via het platform en de nieuwsbrief, maar niet telefonisch of per post).

Support. De ondersteuning die de groep nodig heeft wordt weergegeven in *Demand*. Een groep kan eventueel ook ondersteuning aanbieden aan anderen. Dit kan weergegeven worden in *Offer*.

De *Manage*-functionaliteit omvat hier 1) het opgeven van de noden en het aanbod aan ondersteuning en 2) het effectief verzamelen of geven van steun. Het eerste wordt intern door het platform gerealiseerd, terwijl voor het tweede gebruikgemaakt wordt van externe diensten. Voorbeelden zijn handtekeningen via een petitie, crowdsourcing en -funding en sponsoring door overheden of bedrijven. Hiervoor wordt bij voorkeur geïntegreerd met externe diensten.

4.2.3. Beheer groep

Er is uiteraard extra functionaliteit nodig voor het beheer. Deze wordt enigszins gecondenseerd weergegeven in figuur 10.

This group. Een beheerder kan het profiel en de instellingen van de groep (*Profile, Settings*) aanpassen.

Parliament. Indien wenselijk kan een groep op een democratischere manier georganiseerd worden dan de traditionele methode waarbij een beheerder alle rechten heeft en die eventueel delegeert naar anderen (zie *Beslissingsvorming* in subsectie 4.4.3). Er kan een soort grondwet (*Constitution*) opgesteld worden die de democratische regels vastlegt. Er kunnen verkiezingen georganiseerd worden (*Elections*). Een beschrijving van de mandaten (*Mandates*) kan gepubliceerd worden.

Organisation. De organisatie van bijvoorbeeld een wijkwerking gebeurt door meerdere personen. Daarvoor kunnen allerlei diensten, tools en websites ter beschikking gesteld worden (zie sectie 3.2).

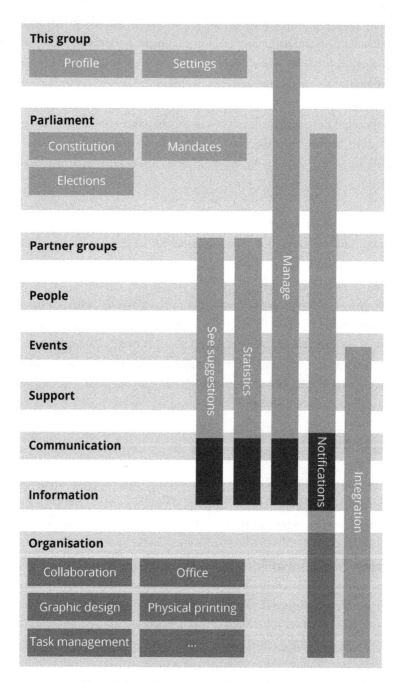

Figuur 10: Functionaliteit voor organisatoren van een burgerinitiatief.

4.2.4. Ontwikkelomgeving

Een ontwikkelomgeving kan relatief losstaan van wat hoger beschreven werd.

De burger krijgt enerzijds de mogelijkheid om gebruik te maken van één of meer bestaande aPAAS-platformen. De overheid kan eventueel instaan voor de kosten gelieerd met het gebruik van commerciële platformen. Anderzijds is er een catalogus die de apps en applicaties bevat die ontwikkeld werden in de context van burgerparticipatie. Beide aspecten horen logisch thuis in de component *support*.

Daarnaast kan ook de broncode van het platform zelf, inclusief connectoren, gepubliceerd worden en kunnen burgers hieraan meewerken.

4.3. Scenario's

In deze sectie worden de twee scenario's uit het vorige hoofdstuk hernomen om het gebruik van het platform te illustreren.

4.3.1. Wijkwerking

Scenario

Enkele wijkbewoners besluiten het heft in eigen handen te nemen en starten een wijkcomité. Ze slagen erin een wijkwerking op poten te zetten, met een centraal gelegen gebouw als wijkcentrum. In dit wijkcentrum worden allerlei activiteiten georganiseerd ter bevordering van de sociale cohesie. De vrijwilligers organiseren ook activiteiten om de levenskwaliteit in de wijk te verhogen, bijvoorbeeld een actie om de lelijke graffiti te verwijderen ter verfraaiing van de wijk. Communicatie met de andere wijkbewoners wordt ter harte genomen.

Realisatie

Eén wijkbewoner surft naar het platform. Hij authenticeert zich m.b.v. zijn eID-kaart. In zijn profiel (*Me*) geeft hij aan dat hij geïnteresseerd is in een wijkwerking voor de buurt. Quasi onmiddellijk krijgt hij suggesties te zien van medewijkbewoners die dit ook in hun profiel opgegeven hebben. Hij creëert een nieuwe groep (*Groups*) voor de wijkwerking en nodigt de potentiële geïnteresseerden uit. Al snel ontstaat er een levendige discussie over hoe het project het best vormgegeven kan worden (*Communication*).

De gemeentelijke overheid had eerder reeds op het platform aangegeven dergelijke wijkwerkingen te willen ondersteunen, onder meer wetgevend en financieel. De verantwoordelijke ambtenaren krijgen dan ook als suggestie van het platform om deze nieuwe groep te volgen. Omgekeerd krijgen de initiatiefnemers deze ambtenaren als suggestie en krijgen ze te zien dat deze ondersteuning beschikbaar is (*Support*).

Na toch nog steeds heel wat discussies en voorbereiding (deels gebruikmakend van *Organisation*) komt de wijkwerking er. Gelukkig kon er gerekend worden op de expertise van anderen die er eerder in slaagden een gelijkaardige werking uit de grond te stampen. Via het platform werden deze mensen snel gevonden. Daarnaast was er ook reeds nuttige info aanwezig (*Information*).

Mensen uit de wijk die lid worden van de groep worden op de hoogte gehouden (*Groups* voor de gebruiker, People voor de groep). Er worden activiteiten georganiseerd (*Events*) die andere gebruikers in hun news feed te zien krijgen (*Communication*). De wijkwerking werkt samen met een andere wijkwerking wat verderop (*Partner groups*) onder meer om gemeenschappelijke kwesties te bespreken.

4.3.2. Steun bij ramp

Scenario

Na een ernstige aardbeving in het buitenland slaan drie organisaties, die elkaar reeds goed kenden, de handen in elkaar om een steuncampagne te organiseren. De drie organisaties zijn geografisch echter verspreid. Ze hebben echter nood aan financiële middelen en vrijwilligers voor een brede campagne.

Realisatie

Een aantal zaken uit het vorige scenario komen terug maar worden hier niet hernomen. Voorbeelden zijn communicatie met leden van de groep en ondersteuning door overheden.

De drie organisaties waren reeds aanwezig op het platform met elk hun eigen groep. Er wordt een nieuwe campagnegroep gecreëerd, die de drie organisatiegroepen als partners heeft (*Partner groups*).

Aangezien er sprake is van een samenwerking van drie organisaties, wordt de campagnegroep zo georganiseerd dat bepaalde wijzigingen enkel mogelijk zijn bij consensus van de drie organisaties (bijv. naamsverandering en veranderen *Partner groups*). Dit gebeurt in Parliament.

Burgers kunnen onder meer financieel de campagne steunen (*Support*). Ze kunnen zich daarnaast ook als vrijwilliger inschakelen.

Om de drempel te verlagen voor lokale (groepen van) burgers om zich mee in de campagne in te schakelen, wordt documentatie ter beschikking gesteld in *Information*. Daar vinden we zowel teksten als video's over hoe jij een meerwaarde kan leveren in de campagne. Dergelijke lokale initiatieven kunnen activiteiten organiseren die - na goedkeuring van een beheerder - mee opgenomen worden in de kalender (*Calendar/ Events*). Natuurlijk kunnen deze lokale initiatieven ook zelf een nieuwe groep creëren op het platform en vervolgens een partner worden van de campagne (*Partner groups*).

4.4. Uitdagingen

De vorige sectie stelde een conceptueel IT-platform voor ter ondersteuning van burgerinitiatieven. Deze sectie bespreekt een aantal uitdagingen i.v.m. een succesvolle realisatie van zulk een IT-platform. Het is essentieel dat ten eerste de burgers vertrouwen hebben in het platform en dat ten tweede er een voldoende grote kritische massa actief gebruik begint te maken van het platform. Ten derde wordt gekeken naar bottom-upbeslissingsvorming en ten slotte moeten heel wat externe diensten in het platform geïntegreerd worden.

4.4.1. Vertrouwen

Om de vereiste van vertrouwen door burgers (en bedrijven) in het platform te maximaliseren zijn een aantal elkaar aanvullende pistes mogelijk. Het minimaliseren van de controle en het maximaliseren van de transparantie zijn daarbij de twee sleutelconcepten.

Minimalisatie controle
- **Onafhankelijke uitbating.** De uitbating van het platform in productie kan gebeuren door een onafhankelijke partij i.p.v. door de overheid zelf. De overheid wordt dan net zoals de burger een gebruiker van het IT-platform (zij het met andere rollen).

- **Externe hosting.** De hosting van het platform in productie kan gebeuren door een onafhankelijke partij i.p.v. in datacenters van de overheid.
- **Diensten derden.** De functionaliteit van het platform wordt tot een minimum beperkt, waarbij er maximaal gebruikgemaakt wordt van externe dienstverleners bijvoorbeeld voor de hosting van media, voor crowdfunding, voor communicatie en voor het verzorgen van papieren drukwerk. Zo zit de persoonlijke informatie zeer sterk verspreid, wat het moeilijker maakt voor overheden (of andere organisaties) om al deze gegevens te verzamelen. Anderzijds maakt dit het beheer moeilijker.

Maximalisatie transparantie

- **Open Source.** Het platform kan open source gemaakt worden, waarbij de overheid allicht de belangrijkste contributor blijft. Een bijkomend voordeel is dat het werk van de overheid vermindert naarmate meer vrijwilligers meewerken.
- **Onafhankelijke Auditing.** Een onafhankelijke partij met een voldoende hoge geloofwaardigheid kan instaan voor de auditing. Het auditrapport kan vervolgens deels[208] of volledig gepubliceerd worden. Het platform krijgt vervolgens een accreditatie.
- **Open Audit.** Bepaalde logs kunnen toegankelijk gemaakt worden voor alle burgers, alle gebruikers van het platform of voor alle leden van een groep.
- **Privileged Access Management (PAM)[209].** Elk systeem heeft wel een administratieaccount zoals Administrator (Windows), root (Unix), SYS (Oracle), ... In tegenstelling tot normale gebruikersaccounts zijn deze niet gekoppeld aan een persoon maar kunnen die gedeeld worden met mensen die het wachtwoord kennen van deze accounts. Het wachtwoord van gedeelde accounts wordt niet snel gewijzigd en soms onvoldoende beschermd. Als een account werd gebruikt, weet men niet wie de fysieke persoon achter het toetsenbord was. Privileged Account Management (kortweg PAM) heeft tot doel de geprivilegieerde toegang tot systemen te regelen en te controleren en maakt deel uit van het arsenaal aan tools beschikbaar voor security governance.

4.4.2. Uptake

Essentieel om het platform tot een succes te maken is dat zowel burgers, ambtenaren als bedrijven actief hun bijdrage aan het platform leveren. Dit kan als volgt gestimuleerd worden:

---

[208] Omwille van veiligheidsredenen is een volledige publicatie van het auditrapport niet steeds wenselijk.
[209] Smals. Management Summary : Privileged Account Management (PAM). November 2011. http://www.smalsresearch.be/publications/document/?docid=63 - Laatste toegang 12 maart 2015

Zichtbaarheid

Typisch wordt er gewerkt met een goed uitgewerkte mediacampagne - al dan niet gericht op een bepaald doelpubliek. Hier kan de overheid een nadeel hebben t.o.v. bedrijven zoals Apple, die in staat zijn zowat alles tot een hype om te toveren. Wel kan o.a. zichtbaarheid op en integratie met bestaande sociale netwerken leiden tot een toenemende bekendheid.

Wat kan helpen bij het verhogen van de zichtbaarheid is het promoten van de revolutionaire aanpak, specifiek gericht op bottom-upbeheer, door onder meer de concepten van *open audit* en *democratische beslissingsvorming* en de maatregelen ter verhoging van het vertrouwen. Daardoor onderscheidt het platform zich het sterkst van bestaande diensten.

Technisch

Functionaliteit. De functionaliteit die nodig is om de burgerinitiatieven vlot te kunnen realiseren moet aanwezig zijn op een duidelijke en voldoende volledige manier. Om dit te realiseren zijn dus voldoende *connectoren* nodig die toelaten dat het platform met andere services kan interageren d.m.v. de service API.

De overheidsdiensten moeten maximaal de nodige technische voorzieningen bieden. De overheid kan generieke diensten aanbieden zoals authenticatie, ze kan bepaalde betalende diensten via subsidies gratis ter beschikking stellen.

Keuze. Het moet voor een burger of burginitiatief makkelijk zijn om de diensten die hij reeds gebruikt te blijven gebruiken, maar dan vanaf het platform. Idealiter behoudt hij daarbij de mogelijkheid om de dienst via de traditionele weg te gebruiken.

Inhoud

Hoewel het de bedoeling is dat burgers (en bedrijven) maximaal zelf voor de inhoud op het platform instaan, zal het initieel de overheid zelf zijn die moet zorgen dat er reeds voldoende info beschikbaar is. Geleidelijk aan verkleint dan de rol van de overheid als data-provider en wordt deze door burgers (en bedrijven) overgenomen.

De overheid kan ambtenaren vrijmaken om indien nodig burgerinitiatieven te begeleiden, ze moet willen participeren aan het platform, …
Het gevoel van betrokkenheid of een duidelijke win-winsituatie is nodig om burgers en bedrijven meerwaarde op het platform te laten creëren.

Juridisch / reglementair

De overheid heeft het voordeel dat ze een wetgevend kader kan scheppen om burgerinitiatieven te ondersteunen. Zo kan ze bepaalde vrijheidsgraden geven die dergelijke initiatieven mogelijk maken.

In de context van burgerparticipatie dient rekening gehouden te worden met de *beleids- en beheerscycli* die verplicht worden in het '*Besluit van de Vlaamse Regering betreffende de beleids- en beheerscyclus*[210]. Gemeenten en provincies en de openbare centra voor maatschappelijk welzijn moeten dit kunnen voorleggen volgens de wet van 25 juni 2010 door de Vlaamse Regering goedgekeurd. Het bevat een reeks regels voor het meerjarenplan, het budget, de boekhouding en de jaarrekening van de lokale besturen en provincies.

Een beleids- en beheerscyclus kan opgesteld worden in samenspraak met de burgers en kan meer of minder vrijheidsgraden overlaten voor spontane burgerinitiatieven. Indien bijvoorbeeld elke euro reeds toegekend is, blijft er weinig of geen ruimte over voor ondersteuning van spontane burgerinitiatieven die ergens onderweg ontstaan. Bij het opstellen hiervan wordt best rekening gehouden met de mogelijkheid van burgerparticipatie, zodat niet enkel de financiële middelen toegekend kunnen worden, maar ook dat ambtenaren gedeeltelijk vrijgemaakt kunnen worden ter ondersteuning.

Ervaringen

De vraag van het stimuleren van uptake is bijzonder moeilijk en cruciaal voor het slagen of falen van het project. We zien dat zelfs bedrijven zoals Google er weliswaar vaak in slagen een hype te creëren rond hun producten en diensten, maar er desondanks niet in slagen een voldoende kritische massa aan hun producten en diensten te binden. Denken we maar aan Google Glass (zie figuur 11) en het sociale netwerk *Google+*.

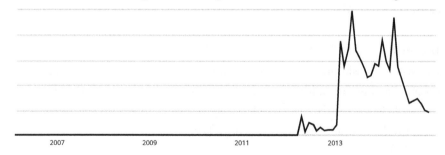

Figuur 11: "Google Glass" in Google Trends.

---

[210] Vlaanderen.be. De beleids- en beheerscyclus van de gemeenten, de OCMW's en de provincies. Besluit van de Vlaamse Regering van 25 juni 2010. Ministerieel Besluit van 1 oktober 2010. http://www.vlaanderen.be/nl/publicaties/detail/de-beleids-en-beheerscyclus-van-de-gemeenten-de-ocmw-s-en-de-provincies-besluit-van-de-vlaamse-regering-van-25-juni-2010 - Laatste toegang 11 maart 2015

Verder zijn er producten en diensten die initieel wel een zeker succes kennen maar die na de hype in de vergetelheid geraken en terug onder de benodigde kritische massa zakken. Een voorbeeld hiervan is *Second Life*[211] (zie figuur 12).

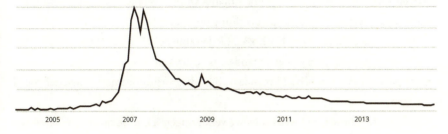

Figuur 12: De evolutie van Second Life in Google Trends

4.4.3. Beslissingsvorming

In IT-systemen gebeurt het toekennen van rollen traditioneel top-down. Er is dus een superadmin die andere beheerders (admins) aanstelt en rechten geeft, die dan op hun beurt rechten aan gebruikers kunnen geven. Gezien het onze betrachting is om initiatieven van onderuit te stimuleren, lijkt het logisch dat ook het toekennen van rollen en meer algemeen het nemen van beslissingen in groepen die gebruikmaken van het platform in overeenstemming is met deze benadering.

Hoewel er systemen bestaan om verkiezingen te organiseren (bijv. *BallotBin.com*[212]) hebben deze toch hun beperkingen. Zo zijn deze niet geïntegreerd met het "User and Access Management" (UAM) van de burgerinitiatieven. Daardoor zijn deze systemen niet alleen minder gebruiksvriendelijk, maar wordt er ook niets technisch afgedwongen. Stel dat de groep de enige groepsbeheerder wil vervangen, dan kan dit bijgevolg enkel indien deze groepsbeheerder zich voldoende coöperatief opstelt. De vereisten voor bottom-up user management kunnen de volgende zijn:

Creatie groep. Een individu kan een groep aanmaken en wordt automatisch de beheerder van die groep.
- Hij bepaalt de criteria waar gebruikers aan moeten voldoen om deel uit te kunnen maken van de groep (enkel op uitnodiging, op basis van geografische locatie, op basis van leeftijd, ...).

---

[211] http://www.secondlife.com - Laatste toegang 12 maart 2015
[212] http://www.ballotbin.com - Laatste toegang 12 maart 2015

- Hij stelt een *"groepsconstitutie"* samen die bepaalt welke rollen er zijn, hoelang een mandaat maximaal duurt, de doelstelling van de groep, ...

Initiëren verkiezingen. In de volgende situaties worden verkiezingen georganiseerd. De parameters werden in de groepsconstitutie opgegeven.
- De groep heeft meer dan x1, x2, x3, ... leden (bijv. x1=100 x2=1000, x3=10000).
- De termijn y *maanden* van een mandaat is verstreken.
- De persoon met een bepaald mandaat (bijv. de groepsbeheerder) is inactief voor y dagen.
- z% van de actieve leden wenst nieuwe verkiezingen. Daartoe dient een *"motie van wantrouwen"* georganiseerd te worden.

Verkiezingsproces. De verkiezingen zelf bestaan uit verschillende fases, die niet per se uitsluitend online plaatsvinden. Bijvoorbeeld: 1) Discussieronde 2) Kandidaatstelling 3) Discussie 4) Verkiezing (eventueel meerdere rondes bij onvoldoende meerderheid) en 5) Veranderen van de rollen.

Er kan gestemd worden over verschillende aspecten, die eventueel gebundeld kunnen worden:
- Het geven van mandaten aan groepsleden.
- De verhouding tot andere groepen.
  - Willen we met onze groep deel uitmaken van een breder initiatief. Onze groep blijft wel bestaan.
  - We willen een autonome koers varen en niet langer deel uitmaken van de overkoepelende groep.
  - Onze groep fuseert met een andere groep, waarbij de condities in detail geformuleerd worden.
- Creatie van een nieuwe subgroep (bijvoorbeeld creatie van een tijdelijke groep *"feestcomité"* om het buurtfeest te organiseren).
- Het aanstellen van de vertegenwoordiger in de overkoepelende groep.

Idealiter is een dergelijke beslissingsvorming geïntegreerd met een authenticatiemechanisme (via bijvoorbeeld een identity provider), zodat deze steeds de meest recente rollen van elke gebruiker kent voor elke groep.

Daarnaast zijn er ook bijzondere verkiezingen mogelijk zoals:

- Grondwet van de groep (Hoeveel beheerders zijn er? Welke mandaten zijn er? Hoe lang duurt een mandaat? Wat is de naam en beschrijving van de groep? Wordt er al dan niet anoniem gestemd? ...)
- Ontbinden we de groep?

Transparantie is ook hier cruciaal. De grondwet, de resultaten van de verkiezingen en de beschrijving van de mandaten dienen daarom consulteer- en verifieerbaar te zijn.

Tools die bovenstaande filosofie hanteren werden helaas niet gevonden.

4.4.4. Integratie

Zoals eerder reeds uitgebreid aangehaald is integratie tussen ons platform en andere diensten essentieel. Een beperkt aantal clouddiensten wordt bekeken om zo een idee te hebben van de mogelijkheden en uitdagingen. Gezien het belang van sociale netwerken en diensten die de publicatie van media toelaten, worden *Facebook*, *Meetup*, *YouTube* en *SlideShare* bekeken.

Facebook
Vooraleer we de API van Facebook kort bespreken, wordt even ingegaan op de algemene functionaliteit, dus los van de API.

Functionaliteit
Een aantal zaken ontbreken in Facebook om het geschikt te maken als sociale netwerkcomponent in het platform:

- **Gedetailleerde query's.** Complexere query's om mensen of groepen te vinden zijn momenteel niet mogelijk. Een voorbeeld is het vinden van profielen van mensen die in Brussel wonen en potentieel geïnteresseerd zijn om samen te werken met anderen om een vrije cursus te organiseren rond het opzetten van stadsmoestuinen.
- **Anoniem profiel.** Het hebben van een anoniem profiel wordt niet ondersteund. Je bent steeds bekend onder de naam die je initieel opgegeven hebt.
- **Identificeren burgerinitiatieven.** Het identificeren van groepen en pagina's in Facebook die gerelateerd zijn met burgerinitiatieven lijkt bijzonder lastig.

API

Via de *Facebook Graph API*[213] kunnen vanaf zelf ontwikkelde applicaties, apps of websites - bijvoorbeeld ons IT-platform - berichten achtergelaten worden op bestaande Facebookpagina's, -groepen en -events, kunnen voor pagina's, groepen en events beheerders aangeduid worden en kunnen andere attributen zoals titel en beschrijving gewijzigd worden.

Om van de API gebruik te maken is een toegangstoken vereist, wat een registratie van de applicatie vereist. Een gebruiker kan de applicatie vervolgens een meer of minder restrictieve set permissies geven.

Het creëren van nieuwe user accounts is - net zoals bij de vele clouddiensten - niet mogelijk via de Graph API. Wat evenmin ondersteund wordt is het aanmaken van pagina's, groepen en events via de API, wat natuurlijk een grote beperking is bij de gewenste integratie. In ons platform bijvoorbeeld een groep aanmaken en vervolgens een kopie ervan maken op Facebook wordt dus onmogelijk met de API. De alternatieve manier is om op een geautomatiseerde wijze via de webinterface te werken, wat uiteraard een pak lastiger is en allicht de gebruikerspolicy schendt.

Conclusie

Facebook is dus ongeschikt als sociaal netwerk voor het platform. Ook een diepe integratie met Facebook zodat de gebruikers van ons platform met minimale inspanning hun initiatieven op Facebook voldoende zichtbaarheid kunnen geven, lijkt problematisch.

Meetup

Meetup (zie subsectie 3.2.1) biedt een uitgebreide API[214] aan. Enkele mogelijkheden zijn:
- Zoeken naar evenementen op basis van categorie, tijd, plaats, afstand van een locatie, …
- Het weergeven van discussies/commentaren rond een bepaald evenement, alsook de aanwezigen en andere informatie.
- Jezelf toevoegen aan de watchlist van een evenement om op de hoogte te blijven van wijzigingen e.d.

---

[213] https://developers.facebook.com/docs/graph-api - Laatste toegang 12 maart 2015
[214] http://www.meetup.com/meetup_api - Laatste toegang 12 maart 2015

95

- Creatie en wijzigen van activiteiten.
- Verkrijgen van informatie over Meetup-groepen.
- Creatie en wijzigen van Meetup-groepen (bijv. wijzigen foto).

Mits het hebben van de nodige tokens is een diepe integratie mogelijk tussen ons IT-platform en Meetup.com. Het aanmaken van een gebruiker gebeurt nog steeds via de site van Meetup.com zelf. De applicatie - dit zou bijvoorbeeld ons IT-platform kunnen zijn - dient zich te registreren om te beschikken over een API-token.

Meetup is al specifieker afgesteld op de noden van burgerinitiatieven dan Facebook, maar heeft als nadeel dat het betalend is en dat het veel minder gebruikt wordt.

YouTube

De YouTube API[215] laat de volgende operaties toe:
- Afspelen video's op allerlei toestellen.
- Zoeken naar inhoud, uploaden video's, creëren afspeellijsten, creëren kanalen, beheer van abonnementen, …
- Bekijken van statistieken, …
- Live streaming, creatie en beheer van live events.
- Abonneerknop om je op kanalen te abonneren.
- Uploaden van video's.

De YouTube API laat dus diepe integratie toe om via het platform content te beheren.

Het creëren van een account gebeurt ook hier niet via de API, maar het is mogelijk om een account aan te maken voor alle Google-diensten[216]. De applicatie die gebruik maakt van de API dient geregistreerd te worden vooraleer het de YouTube API kan aanspreken.

Slideshare

De slideshare API[217] laat toe:
- De embedded player te controleren.
- Documenten en presentaties te uploaden, de metadata te editeren en de bestanden te verwijderen.

---

[215] https://developers.google.com/youtube - Laatste toegang 12 maart 2015
[216] https://accounts.google.com/ - Laatste toegang 12 maart 2015
[217] http://www.slideshare.net/developers - Laatste toegang 12 maart 2015

- Informatie over presentaties en documenten te bekomen.
- Te zoeken naar documenten.
- Het verkrijgen van groepen, tags, en contacten per gebruiker.

Ook hier moet een applicatie zich registreren om een API-token te bekomen en wordt creatie van een account via de API niet toegelaten. Voor de rest is het nodige aanwezig voor diepe integratie.

Conclusie

De creatie van een nieuwe account op deze clouddiensten waarmee ons IT-platform wil integreren, gebeurt typisch niet via een API, maar manueel via de webinterface van deze clouddiensten zelf. Daarna kan de accountinformatie geïmporteerd worden in het "citizen engagement"-platform. Dit kan in principe door eenmalig de "credential"-informatie (meestal gebruikersnaam en wachtwoord) op te geven en eventueel aan te geven welke rechten het platform krijgt met die account. Het voordeel van deze aanpak is dat SSO (Single-Sign-On) mogelijk wordt; de gebruiker authenticeert zich enkel op het IT-platform en kan vervolgens direct gebruikmaken van zijn andere clouddiensten waarmee het IT-platform integreert.

Helaas bieden niet alle clouddiensten een voldoende uitgebreide API aan. De API van Facebook laat niet toe om pagina's via een API aan te maken en de ePetition-dienst Avaaz heeft in het geheel geen API. Dergelijke diensten zijn minder geschikt binnen de context van het platform ter ondersteuning van burgerinitiatieven. Wel kunnen er uiteraard steeds links aangeboden worden i.p.v. diepe integratie.

Indien de API's voldoende uitgebreid zijn, kan ook migratie ondersteund worden. Dit zou een minimum moeten zijn om vendor lock-in te voorkomen. Uiteraard is het steeds mogelijk dat API's op een gegeven moment minder functionaliteit aanbieden, zoals in de nieuwe API van Facebook.

Verschillende burgers moeten kunnen samenwerken. Indien het raamwerk veel gelijkaardige/concurrerende clouddiensten ondersteunt kan dit problematisch worden. Real time collaborative editing is bijvoorbeeld niet mogelijk indien de ene burger *GoogleDocs* wil gebruiken en de andere *Office365*. Anderzijds maakt het dan weer minder uit dat een burgerinitiatief voor haar videopublicaties achterliggend gebruikmaakt van YouTube en het andere van Vimeo terwijl een derde in beide post (zolang de bezoeker er niet te veel van merkt).

4.5. Conclusie

In dit hoofdstuk werd op hoog niveau een aanzet gegeven tot een centraal IT-platform ter ondersteuning van burgerinitiatieven. Dit IT-platform tracht drie afstanden te verkleinen: burger-clouddiensten, burger-overheid en burger-burger.

Daarbij wordt gestreefd naar maximale integratie met bestaande clouddiensten. Populaire clouddiensten hebben doorgaans een API die een diepe integratie toelaat. Ze specialiseren zich vaak zeer hard, maar datgene dat ze doen, doen ze wel zeer degelijk.

Toch zijn er ook uitdagingen. De populaire sociale netwerksite Facebook beantwoordt zelf onvoldoende aan onze geformuleerde eisen. Dat laatste maakt het opzetten van een eigen sociaal netwerk noodzakelijk, wat technisch gebaseerd kan zijn op bestaande open source socialemediasoftware zoals *Elgg*. Tegelijkertijd biedt Facebook maar beperkte integratiemogelijkheden. Dit zal uiteraard de uptake van ons platform bemoeilijken.

Ook het vertrouwen van de burgers in het platform zal een impact hebben op de uptake. Vandaar de aanbeveling dat de overheid haar controle op het platform best minimaliseert en dat de transparantie gemaximaliseerd moet worden.

Ten slotte is er geen bestaande oplossing gevonden die democratische beslissingsvorming toelaat, als alternatief op het traditionele top-downbeheer van groepen op sociale media.

5. Conclusie & aanbevelingen

5.1. Conclusie

In deze nota werd getracht de rol van de overheid bij burgerparticipatie te analyseren, alsook de rol van IT en mobiele toestellen. Ten slotte werd een conceptueel IT-platform ter ondersteuning van burgerinitiatieven voorgesteld. We geven nog even de voornaamste conclusies.

5.1.1. Burgerparticipatie & overheid

Een aantal verschillende initiatieven die participatie van burgers bevorderen werd bekeken. Daarbij werden zowel bottom-upinitiatieven die door burgers zelf genomen worden, als top-downinitiatieven die uitgaan van overheden, beschouwd.

Vooral bij burgerinitiatieven is het belang van IT vandaag de dag vrij beperkt en is het vooral belangrijk dat er een holistische benadering gehanteerd wordt, waarbij de overheid op een constructieve, niet-intrusieve wijze ondersteuning aanbiedt voor de burgerinitiatieven, via onder meer een wetgevend kader dat de nodige vrijheden biedt, alsook materieel (bijv. subsidiëring).

Citizen engagement kan hier dus niet gezien worden als een besparing. Sterker nog, indien een beleid dat meer burgerparticipatie wil, ingegeven wordt door besparingen, worden de slaagkansen bij voorbaat ondermijnd, zoals we gezien hebben in de Britse *Big Society*. Citizen engagement zal - zeker in het begin - dus eerder geld kosten.

Overheden kunnen op een aantal manieren de burgerparticipatie trachten te verhogen. Daarbij kunnen meer of minder complexe technologieën vereist zijn. Ook hier geldt echter dat IT geen oplossing op zich is, maar slechts een middel om een beleid te realiseren.

5.1.2. Burgerparticipatie & IT

Er zijn diverse clouddiensten die van nut kunnen zijn bij burgerinitiatieven. Dit gaat van diensten die specifiek ontwikkeld zijn in het kader van burgerparticipatie, zoals ePetitions, tot erg generieke tools voor bijvoorbeeld bestandsuitwisseling.

Hoewel deze tools stuk voor stuk zeer nuttig zijn weten burgers vaak niet af van het bestaan ervan. Ook heeft elke dienst zijn eigen specialisatie, komen er regelmatig bij en vallen er regelmatig weg, en hebben ze allen een eigen look en feel, wat het voor burgers soms bijzonder lastig maakt om er een breed scala van te gebruiken.

5.1.3. Mobile en citizen development

Dankzij de hoge penetratiegraad van mobiele toestellen, de beschikbaarheid van digitale landkaarten en de toenemende aanwezigheid van open data en open API's zien we het ontstaan van heel wat apps die burgers in staat stellen om maatschappelijke meerwaarde te creëren.

Bovendien is het dankzij laagdrempeligere ontwikkelomgevingen en open data en open API-initiatieven makkelijker dan ooit voor burgers om zelf apps te ontwikkelen. Burgers kunnen dit spontaan doen, of kunnen gemotiveerd worden via bijvoorbeeld wedstrijden. Vaak geven de burgers hier blijk van een creativiteit en flexibiliteit die de overheid allicht niet aan de dag had kunnen leggen.

5.1.4. Een IT-platform voor burgerinitiatieven

Het laatste deel schetst een platform ter ondersteuning van burgerinitiatieven. Daarbij wordt getracht drie afstanden te minimaliseren: burger-clouddiensten, burger-overheid en burger-burger. Een dergelijk IT-platform stelt overheden in staat om sneller en beter behoeften bij de bevolking te detecteren en met die bevolking te communiceren.

De basis voor het platform is een sociaal netwerk dat aangepast is aan de context van burgerinitiatieven die ondersteund kunnen worden door overheden, bedrijven en andere burgers. Bovendien wordt maximaal rekening gehouden met de privacy van de burgers en wordt maximaal ingezet op vertrouwen in het platform door de burger.

Gezien de onmogelijkheid en onwenselijkheid om de functionaliteit die reeds aangeboden wordt door gespecialiseerde clouddiensten zelf te ontwikkelen en onderhouden, moet geopteerd worden voor maximale integratie met deze bestaande diensten daar waar mogelijk. Helaas lenen niet alle clouddiensten zich daartoe.

Het voornaamste voorbeeld van een dergelijke dienst is Facebook. De populaire sociale netwerksite beantwoordt zelf onvoldoende aan onze geformuleerde eisen, onder meer rond privacy. Dat maakt het opzetten van een eigen sociaal netwerk noodzakelijk, wat technisch gebaseerd kan zijn op bestaande open source socialemediasoftware. Tegelijkertijd biedt Facebook maar beperkte integratiemogelijkheden, wat de uptake van ons platform zal bemoeilijken.

5.2. Aanbevelingen

5.2.1. Burgerinitiatieven

Voer geen beleid gericht op het stimuleren van burgerinitiatieven wanneer dit gedreven wordt door besparingen. Sterker nog, een dergelijk beleid zal - zeker in het begin - geld kosten. Daartegenover staat wel maatschappelijke meerwaarde. Besparingen of het gevoel van onvoldoende inspraak kunnen zelfs als effect hebben dat burgerinitiatieven ontstaan als oppositie tegen overheidsmaatregelen.

In bepaalde gevallen kan er in burgerinitiatieven, die mogelijk los van de overheid ontstonden, waardevolle expertise aanwezig zijn voor de overheid. Samenwerking of rekrutering behoren dan tot de mogelijkheden.

Mits het creëren van een kader dat zowel wetgevend als materieel ondersteuning biedt, kan een beleid gericht op het stimuleren van burgerinitiatieven succesvol zijn. Vertrouwen tussen burger en overheid is daarbij noodzakelijk. IT kan een element zijn van dit kader, maar is op zich onvoldoende.

In de context van burgerparticipatie dient voor lokale overheden rekening gehouden te worden met de *beleids- en beheerscycli* die verplicht worden in het '*Besluit van de Vlaamse Regering betreffende de beleids- en beheerscyclus*'. In deze beleids- en beheerscycli kunnen de nodige vrijheidsgraden voorzien worden om burgerinitiatieven mogelijk te maken.

Wanneer gekeken wordt naar voorbeelden in het buitenland, dient ook rekening gehouden te worden met culturele verschillen. Dit valt buiten de scope van deze nota. We vermelden enkel in de appendix de zes culturele dimensies.

Er bestaat een breed pakket aan ondersteuning die overheden (maar soms ook bedrijven of burgers zelf) kunnen geven aan burgerinitiatieven. Dit gaat veel verder dan enkel financiële steun.

5.2.2. Overheidsinitiatieven

Een overheid die burgerparticipatie wil verhogen kan putten uit een aantal bestaande aanpakken: burgerbegrotingen, eRulemaking, eInterpellation en eVoting. Dergelijke initiatieven dreigen echter net te leiden tot frustratie wanneer participerende burgers de indruk hebben dat er ondanks hun participatie niet naar hen geluisterd wordt.

Een meer eenvoudige aanpak bestaat erin dat de overheid op een klassieke website een overzicht geeft van mogelijke manieren waarop de burger maatschappelijke meerwaarde kan creëren d.m.v. vrijwilligerswerk.

5.2.3. Burgerparticipatie en IT

Het pallet dat gebruikt kan worden in het kader van overheidsinitiatieven ter bevordering van burgerparticipatie is in wezen hetzelfde als datgene dat al eeuwenlang gebruikt wordt. Klassieke zaken komen terug, maar in digitale vorm. Dit neemt niet weg dat ICT een positieve (maar soms ook negatieve) impact kan hebben op burgerparticipatie.

Essentieel in het verhaal van burgerparticipatie m.b.v. mobiele toestellen is het aanbod van open data door de overheid. De overheid kan daarnaast generische diensten, zoals een authenticatiedienst, via open API's aanbieden.

Het door de overheid zelf beheren van diensten ter stimulering van burgerinitiatieven (bijv. petities) kan op het eerste zicht een goed idee lijken. Toch is dit geen aangewezen manier omdat burgers de overheid niet steeds voldoende vertrouwen.

Voor burgers is het zelf opzetten van een platform dan weer vaak onbegonnen werk. Er zijn gelukkig heel wat bestaande diensten specifiek gericht op burgerparticipatie beschikbaar, alsook meer generieke diensten die in een dergelijke context nuttig kunnen zijn. Het geniet de voorkeur deze te (her)gebruiken.

Wanneer de overheid toch beslist om een IT-platform op te zetten, zal het vaak wenselijk zijn de hosting en het beheer te externaliseren en zoveel mogelijk transparantie te bieden, bijvoorbeeld door de code open source te maken.

Bij de creatie van een eigen IT-platform is een realistisch plan voor de uptake noodzakelijk. Indien ook de overheid in dit platform participeert, zal ze beter kunnen inspelen op de behoeften die leven bij de bevolking.

6. Bibliografie

[1] American Psychological Association. *Civic engagement.*
http://www.apa.org/education/undergrad/civic-engagement.aspx
Laatste toegang 9 maart 2015

[2] American Psychologist. Internet Paradox - *A Social Technology That Reduces Social Involvement and Psychological Well-Being?* September 1998.
http://kraut.hciresearch.org/sites/kraut.hciresearch.org/files/articles/kraut98-InternetParadox.pdf

[3] Bob Lannoy, Smals. *Management Summary : Privileged Account Management (PAM).* November 2011.
http://www.smalsresearch.be/publications/document/?docid=63
Laatste toegang 12 maart 2015

[4] Govloop. *Innovating at the Point of Citizen Engagement.* 16 mei 2013.
http://www.govloop.com/profiles/blogs/innovating-the-point-of-citizen-engagement-7-government-stories
Laatste toegang 9 maart 2015

[5] Isabelle Boydens, Smals. *Research Note 33: Open Data et eGovernment.* April 2014.
http://www.smalsresearch.be/publications/document/?docid=113
Laatste toegang 12 maart 2015

[6] Karl vom Berge, Adelbert Groebbens, Arnaud Hulstaert, Grégory Ogonowski, Bert Vanhalst, Smals. *Web 2.0.* Januari 2009.

[7] Koen Vanderkimpen, Smals. *Research Note 31: Application Platform as a service.* Maart 2014.
http://www.smalsresearch.be/publications/document/?docid=100
Laatste toegang 10 maart 2015

[8] LIPSE. *Self-organization and the role of government: how and why does self-organization evolves in the shadow of hierarchy?* 9-11 april 2014.
http://www.lipse.org/userfiles/uploads/Paper%20IRSPM%202014%20Nederhand%20et%20al%20
self-organization%20and%20the%20role%20of%20government.pdf
Laatste toegang 9 maart 2015

[9] NEF. *Surviving austerity.* 13 augustus 2013.
http://www.neweconomics.org/publications/entry/surviving-austerity
Laatste toegang 9 maart 2015

[10] NIST. *The NIST Definition of Cloud Computing.* September 2011.
http://csrc.nist.gov/publications/nistpubs/800-145/SP800-145.pdf
Laatste toegang 12 maart 2015

[11] PewResearchCenter. *Social Media and the 'Spiral of Silence'.* 26 augustus 2014.
http://www.pewinternet.org/2014/08/26/social-media-and-the-spiral-of-silence
Laatste toegang 12 maart 2015

[12] Sherry R Arnstein. *A Ladder of Citizen Participation.* Juli 1969.
http://lithgow-schmidt.dk/sherry-arnstein/ladder-of-citizen-participation.html
Laatste toegang 9 maart 2015

[13] World Bank. *Empowerment Case Studies: Participatory Budgeting in Brazil.* 2009.
http://siteresources.worldbank.org/INTEMPOWERMENT/Resources/14657_Partic-Budg-Brazil-web.pdf
Laatste toegang 12 maart 2015

[14] Vlaanderen.be. *De beleids- en beheerscyclus van de gemeenten, de OCMW's en de provincies. Besluit van de Vlaamse Regering van 25 juni 2010. Ministerieel Besluit van 1 oktober 2010.*
http://www.vlaanderen.be/nl/publicaties/detail/de-beleids-en-beheerscyclus-van-de-gemeenten-de-ocmw-s-en-de-provincies-besluit-van-de-vlaamse-regering-van-25-juni-2010 - Laatste toegang 11 maart 2015

7. Appendix

De appendix zoomt in op de verschillenden rollen die een burger kan opnemen in een burgerinitiatief, de verschillende types relaties tussen groepen en culturele dimensies die van belang kunnen zijn. Ten slotte worden enkele negatieve aspecten van het gebruik van IT aangehaald.

7.1. Rollen

De burger kan diverse rollen aannemen bij het tot stand komen en aanbieden van een burgerinitiatief. We hebben getracht deze zelf te definiëren en te plaatsen in een cyclus die wordt weergegeven in figuur 13. De verschillende rollen worden daaronder gedetailleerder toegelicht.

- **Detector.** De burger kan behoeften in de samenleving detecteren en/of formuleren. Een burger kan er bijvoorbeeld op wijzen dat de lokale overheid meestal laat op de hoogte is van beschadigingen op de openbare weg. Andere burgers kunnen vervolgens aangeven hoe ernstig de geformuleerde behoeften bij hen leven.
- **Innovator.** Burgers kunnen een voorstel doen over hoe de gedetecteerde noden opgelost zouden kunnen worden. Hierbij kunnen burgers een beroep doen op hun eigen creativiteit en ervaring, kunnen ze verwijzen naar reeds bestaande cases, ... Hoe zou een app er het best uitzien? Waar is er een geschikt gebouw voor een buurtwerking, ...
- **Realisator.** Eén of meerdere burgers kunnen het initiatief nemen om te trachten bepaalde behoeften in de samenleving in te vullen, eventueel gebruikmakend van de input van de detectoren en innovatoren. Een buurtwerking kan opgestart worden, er kan een app ontwikkeld worden, ...
- **Organisator.** Nadat het initiatief opgestart is, kunnen anderen zich mee actief achter het project scharen en een trekkende rol spelen; buurtbewoners kunnen zich bijvoorbeeld inschakelen in de organisatie van het buurthuis.

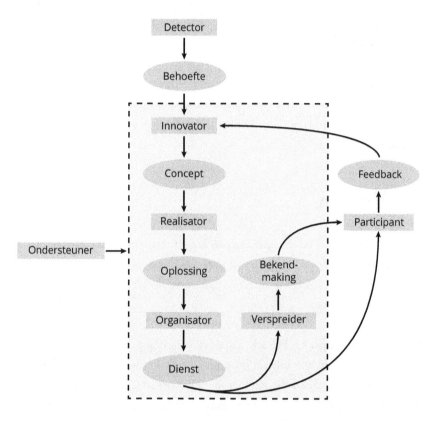

Figuur 13: De verschillende rollen met betrekking tot de realisatie en aanbieden van een burgerinitiatief

(Uitbreiding van[218])

- **Verspreider.** Omdat elk initiatief bekendheid nodig heeft, zijn er burgers (en/of overheden, bedrijven) nodig om het nodige hierrond te doen. Dit kan via mond-tot-mond reclame, er kunnen berichten via sociale media verspreid worden, er kan fysiek campagne gevoerd worden op de zaterdagmarkt, ...
- **Ondersteuner.** De burger kan ondersteuning geven aan het initiatief in de vorm van financiële steun of in de vorm van medewerking bij initiatieven, zonder daarbij een trekkende rol op zich te nemen. Verschillende vormen van ondersteuning worden besproken in subsectie 4.1.2.
- **Deelnemer.** De deelnemer maakt gebruik van wat door de organisatoren aangeboden wordt. Een burger kan een app gebruiken of kan geregeld het buurthuis bezoeken. Deelnemers kunnen feedback geven op het gebruik van de dienst of op de door het burgerinitiatief georganiseerde activiteiten.

---

[218] http://www.brookings.edu/blogs/fixgov/posts/2014/01/16-citizen-civic-innovation-kamensky

Bemerk dat er in realiteit geen strikte scheiding is tussen deze rollen en dat er door het informele en vrijwillige karakter een sterke dynamiek mogelijk is. Een innovator kan in de volgende fase meewerken bij de realisatie (realisator), kan later omwille van familiale redenen volledig afhaken om dan nadien met beperktere krachten het initiatief te steunen, zonder daarbij nog een trekkende rol te spelen (ondersteuner).

7.2. Relaties

Groepen burgers kunnen initiatieven nemen ten gunste van de eigen groep, maar ze kunnen evengoed initiatieven nemen ter ondersteuning van een andere groep burgers. We hebben getracht deze verschillende types relaties te vinden en te definiëren en kwamen uit op vijf types: Samenwerking, liefdadigheid, afhankelijkheid, zelforganisatie en solidariteit. Deze concepten worden in figuur 14 weergegeven en hieronder toegelicht.

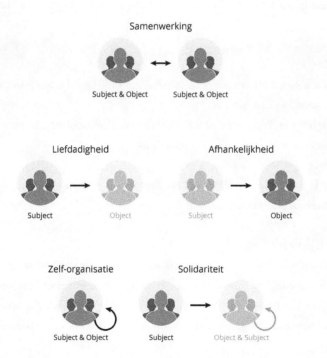

Figuur 14: De verschillende types relaties die burgerinitiatieven met elkaar of met anderen kunnen aangaan:

Samenwerking, Liefdadigheid, Afhankelijkheid, Zelforganisatie en Solidariteit

Samenwerking

Dit is de situatie waarbij meerdere individuen of groepen gecoördineerd naar eenzelfde doel toewerken.

Voorbeelden

- Meerdere wijken zijn tegen de komst van een autosnelweg/asielcentrum en slaan de handen in elkaar.
- Meerdere organisaties slaan de handen in elkaar voor het lanceren van een grote hulpcampagne t.v.v. Stylonië.

Liefdadigheid

Dit is de activiteit waarbij een groep of individu een andere, externe groep of extern individu materieel of immaterieel steunt. De autonomie van de ontvangende groep of het ontvangende individu is echter beperkt. De groep die aan liefdadigheid doet is hier dus subject aangezien ze drijvende factor is. De drijfveer voor liefdadigheid is doorgaans van ethische aard en vertrekt vaak vanuit het bewustzijn zich in een meer geprivilegieerde positie te bevinden dan de ontvangende groep of het ontvangende individu.

Voorbeelden

- Financiële steun bij ramp elders. Aardbeving in Trembelo, vloedgolf in Atlantis, hongersnood in Cornucopia.
- Sociale hulp individuen in de wijk. Organiseren onderkomen & maaltijden voor daklozen / armen / bejaarden / ... in de wijk.

Filantropie is een vorm van liefdadigheid die georganiseerd wordt door bedrijven of vertrekt vanuit de erg vermogenden in deze samenleving.

Afhankelijkheid

Afhankelijkheid is complementair met liefdadigheid en is de toestand waarbij een groep of individu materiële of immateriële steun krijgt. Deze groep of dit individu heeft bovendien een lage graad van autonomie en is bijgevolg een object dat voor haar steun en de organisatie daarvan grotendeels afhangt van de goodwill van externen.

Voorbeelden

- Steunoproep groep. "Steun onze lokale jeugdwerking en koop onze wafels (bestel online met PayPal)" of "School zoekt zowel financiële steun als vrijwilligers om de nodige renovatie te doen!"

- Individuele oproep. "Ik heb problemen met mijn pc, wie kan helpen?" of "Help! Mijn kat is weg. Wie heeft er Minou gezien?" of "Ik ga op reis, wie kan er mijn hond eten geven, de brievenbus legen en een oogje in het zeil houden?" (Een dergelijke publicatie kan echter ook een risico inhouden!) . "Kent iemand een degelijke loodgieter in de buurt?"

Zelforganisatie

Zelforganisatie is de activiteit waarbij een groep zichzelf organiseert om haar eigen materiële of immateriële belangen te behartigen en waarbij de groep een hoge graad van autonomie behoudt. De groep is hier tegelijkertijd object en subject.

Voorbeelden

- Economie. Groepsaankopen voor elektriciteit, gas, internet, ... Sociale ruil/verkoop markten (al dan niet online).
- Diensten. Burgers organiseren zelf crèches, naschoolse kinderopvang, collectieve keukens, scholen, opruimacties in de wijk, onderhoud groen, buurtwacht, ...
- Ontspanning. Buurtfeest, barbecue, filmavond, fietswedstrijd, dagje aan zee, ...

Hiërarchie

Ten slotte vermelden we nog dat groepen ook hiërarchische relaties kunnen aangaan, dus waarbij een groep deel uitmaakt van een grotere groep.

7.3. Culturele dimensies

Culturele aspecten in een samenleving hebben een impact op de bereidheid tot burgerparticipatie. Geert Hofstede[219] is een Nederlands organisatiepsycholoog die in zijn boek "Cultures and Organizations: Software of the Mind" een aantal culturele dimensies definieerde.

- **Machtsafstand.** De mate van machtsafstand wordt afgeleid uit de relatieve waardering van maatschappelijke ongelijkheid en hiërarchie. Latijns-Amerikaanse en Arabische landen scoren hier hoog, België vrij hoog, Nederland en Zweden laag. Denemarken en Oostenrijk scoren extreem laag.
- **Individualisme.** De mate van individualisme (vs. collectivisme) is hoog in de Verenigde Staten en laag in Guatemala. De individualisme-scores van een land lijken

---

[219] http://nl.wikipedia.org/wiki/Geert_Hofstede - Laatste toegang 12 maart 2015

evenredig te lopen met het BNP van dat land; "rijke" landen zijn individualistischer en arme landen zijn in het algemeen collectivistischer. In tegenstelling tot wat men zou verwachten scoort Japan middelmatig op individualisme.

- **Masculiniteit.** De mate van masculiniteit of feminiteit geeft aan in hoeverre waarde wordt gehecht aan traditioneel mannelijke en vrouwelijke kwaliteiten. Mannelijke waarden zijn onder meer competitiviteit, assertiviteit, ambitie en het vergaren van rijkdom en weelde, waartegenover vrouwelijke waarden als bescheiden gedrag, dienstbaarheid en solidariteit staan. Ook geldt dat er in "masculiene" landen een duidelijke rolverdeling is tussen man en vrouw waar dit niet het geval is in laag scorende landen. De rolverdeling tussen man en vrouw lijkt hier meer elkaar te overlappen. Hofstede bestempelde Japan als de meest masculiene samenleving en Zweden als de meest feminiene samenleving, ook de Nederlandse samenleving werd als zeer feminien bestempeld.

- **Onzekerheidsvermijding.** De mate van onzekerheidsvermijding door regelgeving, formele procedures en rituelen. Hoe hoger de score, hoe meer men genegen is om berekenend te werk te gaan in het internationale zakendoen. Dit heeft te maken met de angst voor het onzekere, en dus voor alles wat anders is. Hoog scorende landen hebben de neiging alles onder controle te willen hebben, waar laag scorende landen een natuurlijke kalmte lijken te hebben en alles op zich af laten komen. Mediterrane landen, Japan en België scoren hier hoog, Nederland en Duitsland scoren middelmatig en Engeland scoort laag.

- **Lange- of kortetermijndenken.** In deze later toegevoegde vijfde dimensie wordt (oosterse) volharding in de ontwikkeling en toepassing van innovaties gesteld tegenover (westerse) drang naar waarheid en onmiddellijk resultaat.

- **Toegeeflijk vs. Terughoudendheid.** Toegeeflijkheid staat voor een samenleving die de bevrediging van de elementaire en natuurlijke menselijke waarde met betrekking tot het genieten van het leven en plezier maken relatief vrij laat. Terughoudendheid staat voor een samenleving die de bevrediging van behoeften onderdrukt en deze door middel van strenge sociale normen regelt.

Deze verschillende culturele aspecten zullen onvermijdelijk hun impact hebben op de succeskansen van pogingen om burgerinitiatieven te stimuleren. Elk van deze zes aspecten kan trouwens doorheen de tijd veranderen, misschien net mede doordat de overheid tracht burgerinitiatieven te stimuleren.

7.4. Gevaren IT

Het pallet aan methodes dat gebruikt wordt in het kader van burgerparticipatie is in wezen al eeuwenlang hetzelfde. Klassieke zaken komen terug, maar in digitale vorm. Dit neemt niet weg dat ICT een positieve, maar soms ook een negatieve impact kan hebben op burgerparticipatie.

In 1998 werd de internetparadox[220] geformuleerd, die stelt dat communicatie via internet leidt tot een daling van de sociale betrokkenheid. Sindsdien werd hierover veel gediscussieerd en het internet is sindsdien natuurlijk sterk geëvolueerd.

In tegenstelling tot de populaire aanname dat we via sociale media vrijer onze mening kunnen uiten, stelden onderzoekers in augustus 2014 net het tegenovergestelde[221].

Bovendien leert de praktijk ons dat internetdiscussies vaak uit de hand lopen en nergens toe leiden. Dit wordt samengevat in de Wet van Godwin:

Naarmate online-discussies langer worden, nadert de waarschijnlijkheid van een vergelijking met de nazi's of Hitler 1.

ICT-communicatie is dus niet steeds te verkiezen boven klassieke face-to-facecommunicatie.

We mogen er niet van uitgaan dat iedereen even graag zijn tijd spendeert op het internet en dat niet iedereen de mogelijkheid heeft via internet te participeren.

We moeten ons dus steeds de vraag stellen of een technologische innovatie dan wel een positief dan wel een negatief effect heeft in het kader van burgerparticipatie.

Bottom line is dat ICT momenteel geen vervanging kan zijn voor sociaal contact, wat vaak een noodzakelijke voorwaarde is bij burgerparticipatie, zeker op lokaal niveau.

---

[220] American Psychologist. Internet Paradox – A Social Technology That Reduces Social Involvement and Psychological Well-Being? September 1998. http://kraut.hciresearch.org/sites/kraut.hciresearch.org/files/articles/kraut98-InternetParadox.pdf - Laatste toegang 12 maart 2015
[221] PewResearchCenter. Social Media and the 'Spiral of Silence'. 26 augustus 2014. http://www.pewinternet.org/2014/08/26/social-media-and-the-spiral-of-silence/ - Laatste toegang 12 maart 2015

www.ingramcontent.com/pod-product-compliance
Lightning Source LLC
Chambersburg PA
CBHW051254050326
40689CB00007B/1194